Gundula Gause Rainer Wälde

Landkarten des Lebens

Wie wir werden, was wir sind

adeo

Inhalt

Rainer Wälde

Gundula Gause

Vitae

Vorwort

Dieses Buch ist eine Einladung an Sie, Ihrem ganz persönlichen Lebenstraum nachzugehen. Werfen Sie einen Blick auf die Landkarte Ihres Lebens, nehmen Sie sich Zeit für eine Standortbestimmung. Es ist vielleicht die wichtigste Karte in Ihrem Leben.

Wenn man die eigene Lebenslandkarte betrachtet, wird nicht nur klar, wo man gerade steht. Sie hilft uns auch, die richtigen Fragen zu stellen: Wo komme ich her? Wo wollte ich eigentlich hin? Welchen Weg hatte ich mir vorgenommen? War es das schon – oder kommt noch was?

Seine eigene Lebenslandkarte zu zeichnen, den Spuren des Lebens nachzugehen, Gipfel und Täler noch einmal zu betrachten – das wirft ein neues Licht auf so manche Entwicklungen und schärft den Blick für den weiteren Weg.

Erst im Rückblick zeigt sich oftmals, wo und wann es vielleicht klug gewesen wäre, anders zu entscheiden. Im Nachhinein entdeckt man, wie man in eine Situation hineingeraten ist und was wesentliche Wegmarken waren.

Der dänische Philosoph Søren Kierkegaard hat einmal so formuliert: „Leben lässt sich nur rückwärts verstehen, muss aber vorwärts gelebt werden."

Manche Situationen entstehen im Leben nur einmal und wir müssen uns unmittelbar entscheiden. Wenn wir an den wichtigen Weggabelungen unseres Lebens stehen, fällt die Entscheidung oft nicht leicht. Manche Abzweigungen übersehen wir komplett, vielleicht weil wir viel zu schnell unterwegs sind, uns keine Zeit nehmen, anzuhalten.

Wir wagen in diesem Buch, sozusagen aus der Vogelperspektive, einen Blick auf die imaginäre Landkarte unseres Lebens. Auf ihr haben wir die Orte eingetragen, die in unserem Leben eine wichtige Rolle spielen, die Wege, die wir gegangen sind – im tatsächlichen wie im übertragenen Sinn. Höhen und Tiefen finden ebenso Platz auf dieser Landkarte wie Sackgassen, Schluchten und weiße Flecken.

Dass dabei jeder von uns ganz unterschiedlich vorgegangen ist, versteht sich von selbst. Der Filmemacher erzählt seine Geschichte eher in großen Bildern, während die „Nachrichtenfrau" sich mehr als „Meisterin der Miniatur" versteht.

Unser Buch ist eine Einladung an Sie, Ihren eigenen Weg nachzuzeichnen, Schritt für Schritt Ihre eigene Lebenslandkarte zu entwickeln und das Motto Ihres Lebens zu entdecken. Finden Sie den roten Faden, der sich durch Ihre Geschichte zieht und dem Sie auch weiterhin vertrauensvoll folgen können. Machen Sie sich auf die Suche nach Ihrem Lebenstraum!

Gundula Gause
Rainer Wälde

Zur Einstimmung

Es ist ein Sonntagabend, zwei Tage vor meinem 49. Geburtstag. Zum ersten Mal in meinem Leben erlebe ich die Premiere eines meiner Filme in einem richtig großen Kino. Dort, auf dieser riesigen Leinwand, wo sonst Filme wie „Der Herr der Ringe“, „Batman“ oder „Avatar“ laufen, wird gleich mein Film über die irischen Mönche zu sehen sein. Ich bin unglaublich aufgeregt. Über 300 Menschen sind gekommen, unter ihnen viele meiner Freunde und Bekannten aus den unterschiedlichsten Lebensepochen. Wie werden sie auf den Film reagieren, an dem ich ein Jahr gearbeitet habe und der sicherlich meine bislang persönlichste Produktion ist?

Meine Sorgen hätte ich mir wie so oft sparen können – nach der Premiere sind alle von meinem Film begeistert und berührt, ich bekomme viel Lob, auch manche Kritik, und bin für alles über die Maßen dankbar und glücklich. Zusammen mit einigen Freunden gehen meine Frau Ilona und ich zum Feiern in ein Restaurant. Wir sitzen zusammen, essen und lachen – wobei ich auch innerlich schmunzeln muss. Was meine Freunde noch nicht wissen: Auf meinem Schreibtisch zu Hause liegt ein großer Stapel mit Briefen an sie – ihnen allen habe ich einen Brief zu meinem 49. Geburtstag geschrieben. Ich will nicht warten, bis ich Glückwünsche oder Päckchen bekomme, sondern den Menschen schreiben, die mir wichtig sind. Ihnen erzählen, dass ich mich ein Jahr lang auf meinen 50. Geburtstag vorbereiten werde – denn dieser Geburtstag wird für mich ein wichtiger Einschnitt in meinem Leben sein. Es ist mir wichtig, ihnen allen meine Dankbarkeit dafür auszudrücken, dass sie da sind und ihr Leben mit mir teilen. Schon jetzt will ich sie zu dem großen Fest einladen, das ich an meinem 50. Geburtstag mit ihnen allen feiern möchte.

Inmitten der Runde meiner lachenden und fröhlichen Premierengäste überfällt mich plötzlich Melancholie. Mir wird bewusst, wer in dieser Runde fehlt: Menschen, die mir ans Herz gewachsen sind, die mir viel bedeuten, zu denen ich aber wenig Kontakt habe. Die Beziehungen zu ihnen hängen in der Luft, sie sind nicht abgeschlossen, aber auch nicht mehr mit Leben gefüllt, und das tut mir weh. Ich nehme mir in diesem Moment vor, das kommende Jahr, mein 50. Lebensjahr, auch damit zu verbringen, diese ungeklärten Beziehungen ins Reine zu bringen. In den kommenden Monaten möchte ich die Fäden wieder aufnehmen oder diese Beziehungen zu einem guten Ende führen.

Am folgenden Morgen bringe ich die Briefe, die ich an meine Freunde geschrieben habe, zur Post. Und am nächsten Tag beginnt mein 50. Lebensjahr. Ich will dieses Jahr dazu nutzen, ganz bewusst innezuhalten, mein Leben anzuschauen und darüber nachzudenken. Ich möchte Dinge anpacken, die ich schon lange vor mir hergeschoben habe. Die Inspiration dafür, so an dieses 50. Lebensjahr heranzugehen, habe ich aus der Bibel. Dort ist die Rede von einem Jubeljahr, das immer nach 7 x 7 Sabbatjahren gefeiert wird. In diesem 50. Jahr werden Schulden erlassen, Sklaven befreit, gekaufte Felder zurückgegeben und soziale Ungerechtigkeiten ausgeglichen.

Die Bezeichnung „Jubeljahr“ geht auf das hebräische Wort jôbel für Widderhorn zurück, denn mit dem Blasen dieses Horns wurde ein Jubeljahr eingeleitet. Luther nannte in seiner Bibelübersetzung das Jubeljahr dann „Halljahr“ und bezieht sich mit diesem Wort auf den Hall der Posaunen. Im 3. Buch Mose, Kapitel 25, kann man es nachlesen.

Um herauszufinden, welche Dinge ich in meinem persönlichen Halljahr anpacken will, habe ich schon vor Wochen eine Landkarte meines Lebens gezeichnet. Auf ihr sind die Orte eingetragen, die für mich eine Rolle spielen, und die Wege, die ich immer wieder zurücklege – im tatsächlichen wie im übertragenen Sinn. Die Topografie dieser Karte ist vielfältig, mit Höhen und Tiefen. Diese Lebenslandkarte hat aber auch eine Legende – sie ist die Quintessenz dieser Karte, die Zusammenfassung, denn sie enthält das Motto meines Lebens. Mit dieser Landkarte in der Hand kann ich nun starten und die Dinge angehen, die mir wichtig sind. Ich werde Orte aus meiner Vergangenheit besuchen, werde meinen Frieden mit Niederlagen, mit schweren Zeiten, mit Menschen machen, werde noch einmal trauern, mich freuen und Wege gehen, die mir für immer versperrt schienen. Ich bin sehr gespannt auf das, was mir begegnen und widerfahren wird!

Rainer Wälde

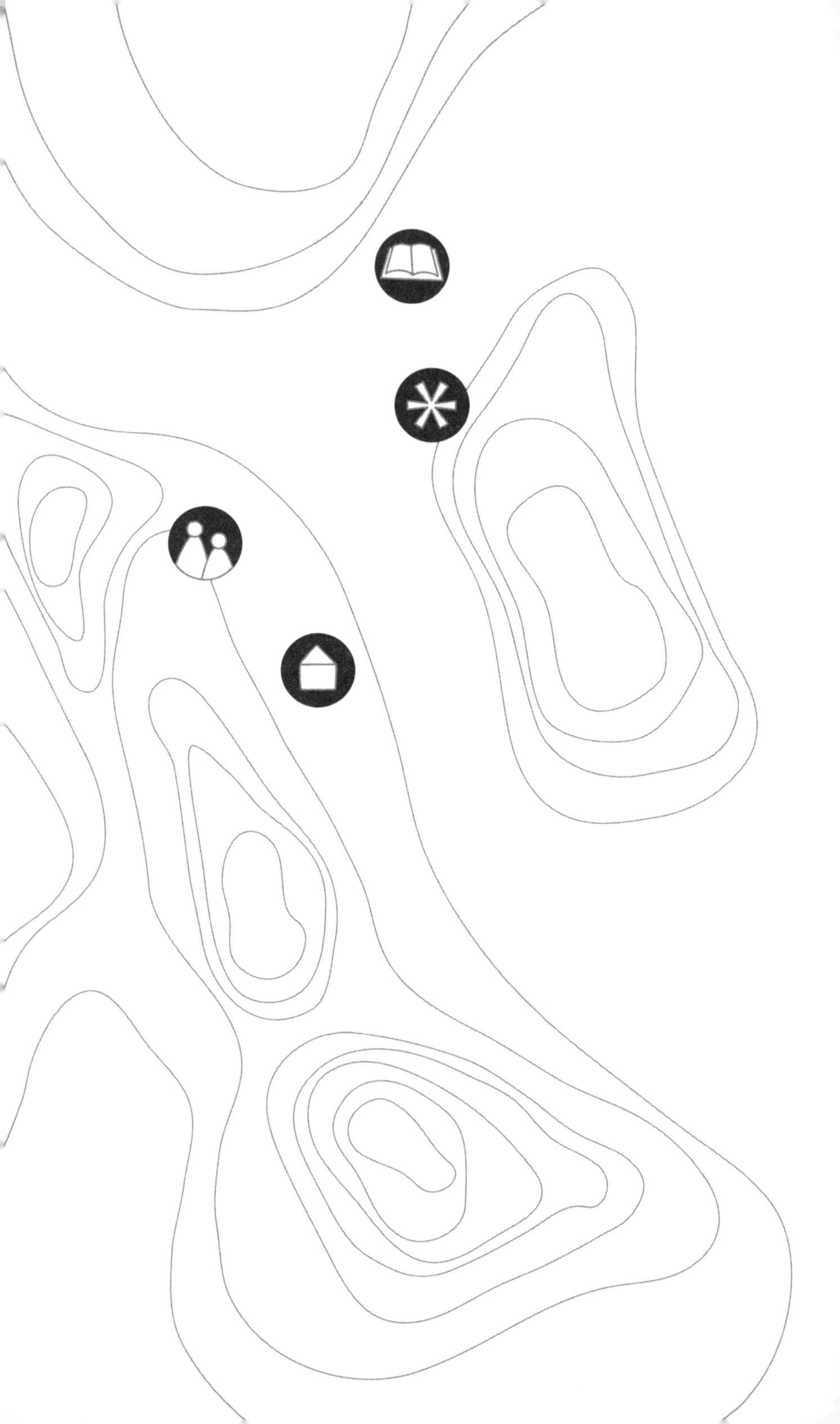

Rainer Wälde

Orte: Ich finde die Säulen meiner Identität

Wenn wir jemanden kennenlernen, der aus dem gleichen Ort stammt wie wir oder im selben Ort aufgewachsen ist – dann bekommen wir leuchtende Augen und fühlen eine gewisse Verbundenheit mit unserem Gegenüber. Wir teilen dieselben Erfahrungen und Prägungen mit ihm – und genau das ist es, was Lebensorte so wichtig macht. An ihnen lassen wir uns nieder, schlagen wir Wurzeln. Zu ihnen entwickeln wir Zugehörigkeit und Nähe – und das ganz besonders zu jenen Orten, an denen wir Kinder waren. Das ist bei mir nicht anders.

Ich komme aus Freudenstadt im Schwarzwald. Es ist somit der erste Ort, den ich auf der Landkarte meines Lebens eingezeichnet habe. Und nun, einige Wochen nach meinem 49. Geburtstag, stehe ich auf dem großen quadratischen Freudenstädter Marktplatz mit seinen schönen Arkadenhäusern und friere. Obwohl es Mai ist, herrschen sehr kühle Temperaturen. Ich war schon jahrelang nicht mehr hier – und staune: Das etwas verschlafene Kurstädtchen hat sich zu einem deutlich moderneren Tourismusort gewandelt. Es gibt eine Fußgängerzone, Bistros und nette Kneipen, sogar eine Tiefgarage für die Autos der Besucher. Aus dem alten Schuhmacherladen ist eine moderne Bar geworden und meine Lieblingsbuchhandlung ist einem Telekom-Shop gewichen. Es sieht gar nicht mehr so vertraut und heimelig aus, wie ich das von meinen früheren Besuchen kenne. Ich bin deswegen etwas irritiert, spüre aber gleichzeitig den Reiz des Neuen, den mir diese Begegnung mit meiner alten Heimatstadt bietet.

Am anderen Ende des Marktplatzes steht das Postamt. Als ich es betrachte, stürmen tausend Bilder auf mich ein. Während des Zweiten Weltkriegs war das Postamt zerstört worden und mein Großvater hat es in den Jahren danach wieder aufgebaut – denn er war der Postinspektor. Auch meine Mutter hat dort gearbeitet, als „Fräulein vom Amt". Zuerst in einer Ruine ohne Dach über dem Kopf und ohne sanitäre Einrichtungen, später dann in dem wiederhergestellten Gebäude. Es ist untrennbar mit der Geschichte meiner Familie verbunden. Dasselbe gilt für den Marktplatz, auf dem ich stehe und langsam kalte Füße bekomme. Erbaut wurde er mitsamt der umliegenden Altstadt 1599 vom württembergischen Hofbaumeister Heinrich Schickhardt, der von 1558 bis 1635 lebte. Mein Großvater hat immer behauptet, dass unsere Familie von diesem wichtigen Baumeister der Renaissance abstamme, beweisen konnte er es nie. Das ist mir erst viele Jahre später gelungen, als ich intensiv Ahnenforschung betrieben habe und die Linien unserer Familie tatsächlich bis zu Heinrich Schickhardt zurückverfolgen konnte. Auf dieser Reise in meine Vergangenheit sind mir interessante und für ihre Zeit außergewöhnliche Menschen begegnet: Architekten, Chirurgen, Kaufleute, Pfarrer – alles Menschen, die Verantwortung übernommen haben, für ihre Familien, für die Kommune, für Bauwerke, für Patienten. Schon damals habe ich gemerkt: Das Thema, Verantwortung zu übernehmen, ist in unserer Familie fest verwurzelt. Es ist ein wichtiger Teil meiner Identität.

Und so kann ich an diesem kühlen Tag im Mai auf dem Marktplatz von Freudenstadt nicht nur meine eigene Geschichte sehen, sondern auch die meiner Vorfahren. Diese jahrhundertealte Geschichte meiner Familie fühlt sich für mich auf einmal ganz tief an – so wie ein Brunnen, in dessen Schacht man schaut. Ich bin 49 Jahre alt und zwischen mir und meinem Vorfahr Heinrich Schickhardt liegen 500 Jahre – dennoch bin ich hier an diesem Ort, den er geplant und gebaut hat, mit ihm verbunden. Ob es sich so anfühlt, wenn man den roten Faden seines Lebens gefunden hat?

Schritt 1 auf dem Weg zu Ihrem Lebenstraum:

Tragen Sie in Ihre, dem Buch beiliegende Lebenslandkarte die Orte ein, an denen Sie gelebt haben.

Wo sind Sie geboren, wo aufgewachsen? Wo haben Sie Ihre Schul- und Ausbildungszeit verbracht, wo war Ihre erste eigene Wohnung? Wo haben Sie mit Ihrer eigenen Familie überall gelebt? Wo leben Sie heute?

Übrigens: Es ist nicht wichtig, dass Ihre Karte maßstabsgetreue Entfernungen darstellt oder hundertprozentig korrekte Umrisse eines Landes. Ihre persönliche Lebenslandkarte kann kontinentübergreifend sein oder eine einzige Stadt darstellen, in der Sie vielleicht schon immer leben und mehrfach umgezogen sind – Hauptsache, Sie haben alle Orte darauf eingezeichnet, die in Ihrem Leben eine Rolle spielen.

Heimat: Wurzeln der Identität und des Glaubens

Ich verlasse den Marktplatz von Freudenstadt und laufe hinüber zum Haus meiner Großeltern. Leider kann ich nicht mehr hinein, denn es ist vor ein paar Jahren verkauft worden. Dennoch berührt und bewegt es mich – die Jahre meiner Kindheit sind auf einmal wieder präsent: In diesem Haus bin ich aufgewachsen, denn nach dem Tod meiner Mutter haben meine Großeltern mich bei sich aufgenommen. Mir fallen Familienfeste ein, meine Großmutter in ihrer Kittelschürze, der große Kachelofen im Wohnzimmer, der eine so gemütliche Wärme verbreitete. Im Garten steht immer noch der große Kirschbaum, unter dem ich als Junge lag und mir wünschte, die Kirschen würden mir direkt in den Mund fallen.

Doch die Erinnerungen an diesen Ort sind nicht nur positiv. Mir fällt auch wieder ein, dass mich meine Großmutter irgendwann in den Keller gesperrt hat – ich muss wohl frech zu ihr gewesen sein. Es war dunkel dort, stickig, muffig, feucht und roch nach den eingelagerten Kartoffeln. Zuerst war ich ganz ruhig, ich saß einfach da und wartete, bis meine Großmutter mich wieder hinausließ. Doch sie kam und kam nicht. Ich wurde zuerst wütend, dann hilflos, irgendwann aggressiv. Das Gefühl, nicht kommunizieren zu können, nicht gehört zu werden, macht mich heute noch wütend. Ich kann es schlecht aushalten, wenn ich eine Situation nicht unter Kontrolle habe. Irgendwann, vor einigen Jahren, blieb ich mit einem Aufzug stecken – da war sofort dieses Kellergefühl von Panik und Hilflosigkeit wieder da. Ich war wieder ein Kind.

Auch heute, als ich vor dem Großelternhaus stehe, fühle ich mich wieder wie das Kind, das ich einmal war: Ich habe Zugang zu meinem inneren Kind – diesem wichtigen Teil der eigenen Persönlichkeit, der uns ein Leben lang prägt, im Guten wie im Schlechten. Noch als erwachsene Menschen sind wir in unserem Verhalten von Dingen beeinflusst, die uns als Kinder zugestoßen sind. Ich bin überzeugt davon, dass wir als erwachsene Menschen nur Zugang zu diesem inneren Kind und seinen Emotionen bekommen, wenn wir uns an die Orte begeben, an denen wir als Kinder unsere Prägung erfahren haben. Genau aus diesem Grund habe ich mir auch zwei Tage Zeit genommen, um in meinem persönlichen Halljahr an die Orte meiner Kinder- und Jugendzeit zu reisen und meine Erinnerungen wieder lebendig werden zu lassen. Ich will mir anschauen, was da alles an Emotionen auf mich einströmt und wie es mir dabei geht. Deswegen ist das Ausfüllen der Lebenslandkarte auch nur der erste Schritt bei der Suche nach dem Lebenstraum. Der zweite und weitaus wichtigere Schritt ist es, diese Orte auch aufzusuchen, sich ihnen auszusetzen und damit auch dem, was sie in uns hervorrufen.

Untrennbar verbunden mit den Orten sind natürlich die Menschen, mit denen ich dort gelebt habe. Als ich um das Haus meiner Großeltern herumlaufe, überlege ich, wie sie mich geprägt haben und was sie mir heute bedeuten. Da ist zum Beispiel mein Großvater: Als Postinspektor war er ein echter deutscher Beamter – und auf diesen Status war er sehr stolz. Ein cleveres Schlitzohr war er allerdings auch. Für seine Familie und seine Freunde holte er in jeglicher Hinsicht immer das Optimale heraus. In seiner Freizeit und auch später als Rentner arbeitete er oft als Bauleiter. Er kannte alle Handwerker im Umkreis, wusste, was jeder auf dem Kasten hatte, und er verhandelte mit ihnen so, dass für seinen Auftraggeber das bestmögliche Ergebnis herauskam. Sein schwäbisches Ehrgefühl war ihm dabei ebenso wichtig wie die Verpflichtung zur Qualität. Er passte auf, dass niemand aufs Kreuz gelegt wurde und dass alle Beteiligten ordentliche Arbeit ablieferten. Er war ein wirklich pfiffiger Unternehmer. Ich spüre, dass mein eigenes Unternehmertum auf diesen Wurzeln beruht und fühle eine tiefe Dankbarkeit gegenüber meinem Großvater.

Ich denke aber nicht nur an meine Großeltern, sondern auch an meinen Bruder. Er ist drei Jahre jünger als ich. Bis zum Tod unserer Mutter hatten wir ein unproblematisches Verhältnis – auch wenn ich meine Rolle als Älterer manchmal zum Anlass nahm, ihn zu bevormunden. Das tat ich aber nicht immer ohne Grund, denn schließlich war es mir häufig als Aufgabe übertragen worden, auf ihn aufzupassen. Als unsere Mutter gestorben war und mein Vater sich eingestehen musste, dass er es nicht schaffen würde, sich um seine Arbeit und um uns zu kümmern, wurden wir getrennt – ich wohnte fortan bei meinen Großeltern, mein Bruder kam zu unserer Tante und ihrem Mann. Die beiden waren kinderlos und zogen meinen Bruder auf, als wäre er ihr eigenes Kind. Sie verwöhnten ihn sehr. Weil wir so ungleich behandelt wurden, gab es auf einmal Neid und Missgunst zwischen uns; zumindest in meiner Wahrnehmung. Es entstand eine starke Konkurrenz, die unser Verhältnis zueinander noch heute prägt – so scheint es mir. Ich habe den Eindruck, dass wir immer noch nicht unbefangen und offen über berufliche Erfolge und Misserfolge miteinander sprechen können. Bei diesen Themen macht sich stets eine große Wortlosigkeit zwischen uns breit.

Einige Wochen vor meinem Besuch in Freudenstadt hatte ich meinem Bruder einen Brief geschrieben und mir darin von ihm gewünscht, dass wir erneut an unser gutes Verhältnis aus unseren frühen Kindheitstagen anknüpfen. Ich bin gespannt, wie sich unsere Beziehung in den nächsten Jahren entwickeln wird. Geschwister sind nach den Eltern die Menschen, mit denen man am engsten verwandt ist. Und im Idealfall sind es auch die Menschen, mit denen wir unser ganzes Leben teilen, viel mehr noch als mit unseren Eltern oder unseren Lebenspartnern. Wir wachsen zusammen mit ihnen auf, erhalten dieselbe Prägung, haben denselben Hintergrund, gehen meist in dieselbe Schule, verstehen einander oft blind. Aber auch das gehört zu den Erfahrungen meines persönlichen Halljahres: Nicht alle Beziehungen zu Menschen, die mir wichtig sind, lassen sich so klären, wie ich mir das vorgestellt habe.

Hier, an diesem Ort, liegen aber auch die Wurzeln meines Glaubens. Meine Mutter war eine sehr gläubige Frau, die diesen Glauben wiederum von ihren Eltern mit auf den Lebensweg bekommen hat. Mein Vater dagegen – auch er war nominell evangelisch wie meine Mutter – über viele Jahre ein überzeugter Atheist. Daran ließ er auch nie einen Zweifel und alle respektierten das. Er ging nur zu Anlässen wie Hochzeiten oder Taufen in die Kirche. Meiner Mutter war es sehr wichtig, dass mein Bruder und ich christlich erzogen wurden.

Unsere Großmutter unterstützte sie darin. Sie betete regelmäßig für uns. Mich mit dem Glauben meiner Vorfahren zu beschäftigen, hat mir immer viel bedeutet. Ich ging als Kind regelmäßig in die Kirche und in die Sonntagsschule und liebte die biblischen Geschichten. David und Goliath! Daniel in der Löwengrube! Ich lebte in diesen Geschichten, sie faszinierten mich mehr als Kinderbücher oder das Fernsehen. Im Laufe meiner Jugendzeit merkte ich natürlich, dass Glaube ein bisschen mehr bedeutet, als sich nur von spannenden Geschichten in den Bann ziehen zu lassen. Meine Konfirmation beging ich sehr bewusst und ernsthaft – die Werte der Bibel mit Leben zu füllen, war mir ein wichtiges Ziel.

Auch wenn sich seither mein Glaube und meine Haltung zur Religion sehr verändert haben – mein Heimatort ist für mich auch der Ort, an dem meine persönliche Reise mit Gott begann und schon allein deshalb spielt er eine wichtige und unersetzliche Rolle für mich.

Am Ende überwiegt das Gute

Die Orte auf meiner Lebenslandkarte führen mich also zu den Säulen meiner Identität – denn nicht nur eine ländliche oder städtische Herkunft prägen unsere Persönlichkeit, sondern auch die familiären Wurzeln mit ihren ethischen und religiösen Werten. Ebenfalls zu diesen Säulen gehört aber auch die Sozialisation, sprich: die Schul- und Ausbildungszeit. Ich mache mich deshalb auf den Weg nach Denzlingen vor den

Toren Freiburgs. Dort bin ich zur Schule gegangen, zuerst auf die Grundschule, später aufs Gymnasium. Ich denke an den Brief, den ich vor einigen Wochen von einem ehemaligen Schulfreund bekommen habe. Als ich seinen Namen auf der Absenderadresse las, sagte mir dieser Name zunächst nichts – ich konnte mich nicht mehr an diesen Schulfreund erinnern. Als ich den Brief aber las, fiel mir wieder ein, wer er war – denn in seinem Brief entschuldigte er sich bei mir dafür, dass er mich in den ersten Schuljahren immer gehänselt hat. Nach über 40 Jahren entschuldigte er sich dafür! Das rührte mich sehr und ich führte danach einen ausführlichen Dialog mit diesem Schulfreund.

Als ich nun vor dem alten Schulgebäude in Denzlingen stehe, fällt mir wieder ein, dass mein Bruder und ich auch von anderen Mitschülern sehr viel gehänselt worden waren, denn wir hatten beide knallrote Haare. Als ich acht Jahre alt war, sagte jedoch einmal ein Pastor zu mir: „Was für ein schöner Junge du bist! Du hast Haare wie König David, und das war einer der schönsten Männer seiner Zeit!“ Von diesem Tag an war ich gegen die Spötteleien meiner Umwelt immun und trug meine roten Haare mit großem Stolz.

Die Schule an sich machte mir nie viel Spaß. Dafür verwirklichte ich mich lieber in kleinen und großen Projekten, für die ich viel Lob und Anerkennung bekam. Da war zum Beispiel die Schülerzeitung, die ich ins Leben rief und jahrelang in die Tat umsetzte. Deswegen kann ich heute auch das Fazit ziehen, dass meine Schuljahre echte Glücksjahre waren. Sie sind für mich untrennbar mit meinem ersten journalistischen Unternehmertum verbunden und in der Erinnerung von einer guten und fruchtbaren Zusammenarbeit mit den anderen Schülern geprägt, die gemeinsam mit mir an der Schülerzeitung arbeiteten, aber auch mit den Lehrern, die uns unterstützten.

Anders ist es mit meiner Studienzeit, die ich in Kehl an der Fachhochschule verbrachte. Eigentlich wäre ich nach dem Abitur gerne Designer oder Fotograf geworden, aber ich gab einem großen Wunsch meiner Familie nach und bereitete mich auf eine Laufbahn als Bürgermeister oder zumindest höherer Beamter vor, indem ich Jura und Betriebswirtschaft studierte. Schon während meines Grundstudiums sagte mir einer meiner Professoren direkt auf den Kopf zu, dass ich mich doch überhaupt nicht für die Juristerei interessiere. Recht hatte er, auch wenn ich das damals noch nicht zugeben konnte. Meine Studienjahre waren eine ziemliche Quälerei für mich. Über Wasser gehalten habe ich mich eigentlich nur, indem ich auch dort journalistisch tätig war und für die Studentenzeitung arbeitete. Nachdem ich mein Examen gemacht hatte, war ich nie wieder dort – bis zu diesem Tag, an dem ich nach meinem Besuch in Freudenstadt und Denzlingen nun auch in Kehl vor dem Haus stehe, in dem ich so viel Zeit verbracht habe. Vor diesem Moment hatte ich mich fast ein bisschen gefürchtet. Ich war mir nicht sicher, ob es wirklich so hilfreich ist, auch an Orte zu reisen, mit denen man fast ausschließlich Negatives verbindet.

Als ich nun endlich angekommen bin und mir nach der Fahrt auf dem Gelände der FH ein wenig die Füße vertrete, spüre ich auf einmal sehr klar und deutlich, warum es so essenziell wichtig ist, sich auch negative Erfahrungen und Erlebnisse noch einmal zu vergegenwärtigen, denn mir fallen auf einmal wieder Dinge ein, die an meiner Studienzeit trotz allem gut waren: die Gemeinschaft mit den anderen Studenten, die Tatsache, dass meine betriebswirtschaftlichen Kenntnisse mir auch heute noch jeden Tag nützen, die Partys, die wir gefeiert haben. Wie ich so an meine Kommilitonen denke und an das, was aus ihnen geworden ist, merke ich noch etwas: Die Tatsache, dass ich heute etwas ganz anderes mache als das, wofür ich eigentlich ausgebildet wurde, erfüllt mich nicht im Geringsten mit Bedauern. Ich missgönne auch keinem meiner Kommilitonen den Erfolg, den sie heute als Bürgermeister oder hochrangige Verwaltungsfachleute haben. Meine Anwesenheit hier und heute an diesem Ort ist für mich vielmehr eine wichtige Bestätigung dafür, dass ich den besten Weg eingeschlagen habe. Dass ich diesen Ort verlassen habe, war gut und richtig. Dass ich woanders einen Neuanfang gemacht habe, war gut und richtig. Selten war mir das so klar, wie in diesem Moment, in dem ich einen alten Standpunkt wieder einnehme.

Ich bin zutiefst überzeugt davon: Wer sich vor negativen Emotionen schützen will, indem er nicht mehr an die Orte reist, die für ihn negativ besetzt sind, verschenkt eine große Chance. Er wird nicht erkennen, dass in all dem Negativen auch Positives verwurzelt ist und dass man von diesen guten Wurzeln profitieren kann. Sicher, eine solche Reise an die Orte der eigenen Vergangenheit zu machen kann sehr schmerzhaft sein. Mitunter fühlt man sich wie auf einer emotionalen Achterbahn, denn selten sind Orte nur schlecht oder nur gut besetzt, und zwischen diesen beiden Polen saust man dann hin und her. Aber, und das ist das Fazit meiner Reise an die Orte meiner Kindheit und Jugend, am Ende überwiegt das Gute. Und es ist lange nicht so schwierig, sich mit den negativen Aspekten der Orte auf der eigenen Lebenslandkarte auszusöhnen, wie man befürchtet hat. In der Erinnerung sind die Dinge manchmal viel größer und monströser als in Wirklichkeit. Schafft man es dann auch noch, seinen Fokus auf das zu richten, was an einem Ort gut war, versieht man diesen Ort darüber hinaus mit einer positiven Stimmung und Aura und findet einen neuen guten Zugang zu einem wichtigen Teil der eigenen Identität.

Gundula Gause

Wo komme ich her?

Ist das Leben nicht eigentlich eine Reise? Kann man überhaupt in der gegenwärtigen Medienwelt Städten und Orten noch eine eigene Bedeutung beimessen? Ich sitze in einem Zug und fahre quer durch ein wunderschönes Land: Deutschland. Blauer Himmel, Sonnenschein. Meine Blicke wandern hin und her zwischen der vorbeifliegenden Landschaft, größeren und kleineren Städten, die mit ihren Kirchtürmen wie gemalt zwischen Bergen und Tälern der deutschen Mittelgebirge liegen, und dem Bildschirm, über den ich digital mit der Welt verbunden bin. Und die Gedanken wandern zu Höhen und Tiefen, Sackgassen und Grenzen, Spuren meines Lebens, über die ich nun also schreiben möchte und die mich – wenn man Städtenamen nennen möchte – nach Berlin, Lissabon und Mainz führen.

In Berlin beginnt meine Erinnerung, denn in dieser damals noch geteilten Stadt wurde ich 1965 geboren. Man weiß, in den Nachkriegsjahren war das Lebensgefühl in Berlin, das vom Zweiten Weltkrieg so sehr geschunden wurde und als Symbol für das frühere Nazi-Deutschland stand, ein vollkommen anderes als heute. Mit der Gründung der zwei deutschen Staaten 1949, der DDR und der Bundesrepublik Deutschland, war Berlin eine in Ost und West geteilte, eingeschlossene Stadt, „umzingelt von der DDR". Es herrschte „Kalter Krieg" – die Bedrohung durch die atomare Aufrüstung war spürbar und Gegenstand vieler politischer Diskussionen auch in meiner Schulzeit. In den 70er- und 80er-Jahren konnte sich kaum jemand der Macht der unterschiedlichen Systeme und der dadurch geprägten Menschenbilder entziehen.

Heute ist Berlin eine quirlige, moderne Großstadt, deren Bedeutung in Europa immer weiter zunimmt: Berlin ist das politische Herz dieses europäischen Deutschlands. Wirtschaft und Wissenschaft, Kunst und Kultur sind dort vertreten. Berlin ist hip – und tatsächlich immer eine Reise wert.

Wie anders war das Lebensgefühl in Berlin direkt nach dem Zweiten Weltkrieg? Mein Vater, der mit seiner Familie von Ostpreußen dorthin geflohen war, erzählt häufig von der Armut der Nachkriegsjahre. Sein Vater – mein Großvater – war kurz vor Kriegsende im sogenannten Volkssturm in Polen gefallen. Hals über Kopf hatte die Familie Insterburg, das heutige Tschernjachowsk und spätere Posen, verlassen müssen. Diese Heimat ging verloren, Teile Ostpreußens kamen 1945 durch das Potsdamer Abkommen unter die Verwaltung der damaligen Sowjetunion, die dann auf dem Gebiet die russische Exklave „Kaliningrad" gründete. Mein Vater erlebte das Kriegsende und die Zeit bis zur Gründung der beiden deutschen Staaten in Berlin, im Westteil der Stadt studierte er später und lernte dort Anfang der 60er-Jahre auch meine Mutter kennen.

Sie wurde als Deutsche in Lissabon geboren, wohin ihre Eltern in den 20er-Jahren des 19. Jahrhunderts ausgewandert waren. Auch ihr Vater musste, nachdem er mehrfach die Einberufung hatte verhindern können, kurz vor Kriegsende von Lissabon aus an die Front. Auch er fiel – an der Westfront bei Karlsruhe – noch im April 1945. Meine Mutter zog es als junge Frau nach Deutschland, in die Heimat ihrer Eltern und in die Selbstständigkeit. Sie wollte Berlin kennenlernen und suchte über eine Bekannte aus Lissabonner Zeiten eine „Stadtführerin“, die dann meinen Vater und meine Mutter in Berlin zusammenbrachte. Von Ostpreußen und Lissabon aus hatten beider Wege in diese besondere Stadt geführt, in der sie dann auch heirateten und eine Familie gründeten.

Kurz nach meiner Geburt zogen meine Eltern wegen des beruflichen Weges meines Vaters nach Hannover, später nach Fulda, Stuttgart und 1975 schließlich nach Mainz. Aber immer wieder reiste ich nach Berlin, in meine Geburtsstadt, und damit die Stadt meiner Herkunft. Ich erinnere mich an viele Besuche bei meiner Großmutter, der Mutter meines Vaters, und ihrer Schwester, die mich in den 70er-/80er-Jahren in die Theater und Ausstellungen im Westteil der Stadt führten. An meine Großmütter, die in Berlin und Lissabon lebten, erinnere ich mich gut und voller Sympathie. In Berlin hatten wir als Kinder immer ein Betthupferl auf dem Nachttisch, in Lissabon stöberten wir in dem kleinen „Mädchenzimmer“, in dem früher die Zugehfrauen lebten, in alten Schränken. Oft habe ich bedauert, dass ich meine beiden Großväter nie kennengelernt habe, bin aber froh, wie viel ich gleichwohl von ihnen weiß. Erst mit meinen eigenen Kindern erlebe ich nun, wie schön und wichtig es ist, einen Großvater zu haben und damit auch Lebenskreise zu erfahren.

Intensiv nahm ich später die besondere Situation der geteilten Stadt wahr: die Fahrt mit dem Zug durch die DDR, die Passkontrollen an den streng bewachten Grenzen, die Ankunft hinter der Mauer – und auch die glückliche Rückkehr immer wieder in der Bundesrepublik. Ich denke an die Tage, die ich ab und an im Osten von Berlin verbrachte, die Ost-Mark, das kritische Gesicht des DDR-Grenzkontrolleurs und das seltsame Gefühl in dem damals unfreien Teil der Stadt. Das alles ist zwar nur wenig mehr als 20 Jahre her und damit einerseits weit weg, andererseits aber ist die Zeit der deutschen Teilung von 1949 bis 1989 Teil unserer Geschichte und damit Bestandteil der Biografie eines jeden Deutschen dieser Zeit – eine der Wurzeln unserer Identität. Es war eine ganz besondere Zeit, mit der man sich befassen muss, um das Heute zu verstehen.

Mit Lissabon, dieser wunderbaren, aber bis zum Eintritt in die damalige Europäische Gemeinschaft 1986 sehr armen Stadt am Tejo verbinde ich vor allem die Besuche bei meiner Großmutter. Es sind gute Kindheitserinnerungen an die Heimat meiner Mutter und an die vielen Reisen, die ich mit ihr an die Küste vor der portugiesischen Hauptstadt unternommen habe. Sie erzählte mir viel von der Armut Portugals und dem hierarchischen Miteinander in der vom Salazar-Regime dominierten portugiesischen Gesellschaft der 50-/60er-Jahre. Die „Saudade", diese traurige Sehnsucht, die in der Melancholie des portugiesischen Fado zum Ausdruck kommt, spielte dort immer eine Rolle und bleibt Charakteristikum der Portugiesen – gewissermaßen auch in der aktuellen Schuldenkrise.

Seit über 30 Jahren lebe ich nun am Rhein in Mainz, der Landeshauptstadt von Rheinland-Pfalz mit einer Geschichte, die bis in die Römerzeit reicht. Davon zeugen Funde, die in fast jeder Baugrube zum Vorschein kommen. Die Fachwelt war begeistert, als man vor einiger Zeit den 2.000 Jahre alten Isis-Tempel unter einem Nachkriegsbau fand. Das Amphitheater im Süden der Stadt, das vor 2.000 Jahren das einzige nördlich der Alpen war, das 10.000 römischen Soldaten Platz bot, wurde im 19. Jahrhundert mit Eisenbahnschienen überbaut und wird zurzeit teilweise wieder freigelegt. Der 1.000-jährige Dom, der die Kriegszerstörungen vom Februar 1945 überdauert hat, mit seinem Bischofssitz sowie die Johannes-Gutenberg-Universität und eine beeindruckende Wissenschaftsallianz prägen den Geist der Stadt ebenso wie die „Gute-Laune-Faktoren" Fassnacht und der Fußballverein Mainz 05. Nicht zuletzt ist Mainz ein hochmoderner Medienstandort, dessen Grundstein Johannes Gensfleisch, besser bekannt als Johannes Gutenberg, gelegt hat, als er vor 500 Jahren den Buchdruck erfand.

Mitte der 70er-Jahre zog ich mit meinen Eltern und meinem Bruder also nach Mainz, wo ich später Politikwissenschaft, Geschichte und Publizistik studiert und meinen Beruf in den Medien gefunden habe. Hier lernte ich meinen Mann kennen und brachte meine Kinder zur Welt. Ich mag Mainz, diese sympathische, mittelgroße Stadt in der Mitte Deutschlands, ja, in der Mitte von Europa – zwischen Insterburg und Lissabon, wenn man den Bogen so spannen will.

Bei allem Nachdenken über die Orte meiner Herkunft stellt sich mir allerdings auch die Frage, ob die Bedeutung von Orten nicht relativ ist. Ist es eigentlich nicht unwichtig, wo man lebt? Ist es nicht viel wichtiger, darüber nachzudenken, wie und mit wem man sein Leben verbringt – allemal, wenn das Leben doch eine Reise ist, die uns an viele Orte führen kann?

Rainer Wälde

Wegstrecken: Ich folge meinen Spuren

„Ich gehe jetzt meinen eigenen Weg", das sagen Menschen, wenn sie aus ihrem Elternhaus ausziehen oder sich von Lebenspartnern trennen. Damit meinen sie nicht, dass sie nun einen anderen Weg zur Universität oder zu ihrem Arbeitsplatz zurücklegen müssen, weil sie fortan woanders wohnen. Sondern, dass sie etwas Neues tun, etwas ganz anders machen als bisher in ihrem Leben. Sie brechen aus ihren Alltagsmustern und -routinen aus und beginnen einen neuen Lebensabschnitt. Dieses Ausbrechen muss nicht immer so dramatische Formen annehmen, wie sie eine Trennung von einem Lebenspartner meist bedeutet. Neue Wege können sehr unspektakulär sein – auf den ersten Blick. Doch auch diese unspektakulären neuen Wege verändern alles – unsere Sicht auf unser Leben, auf die Welt, auf unseren Partner. Denn wir fühlen uns anders, beschwingt und beglückt von einem Neuanfang.

Das, was einmal zu einer der schönsten Erfahrungen meines ganz persönlichen Halljahres werden sollte, fing dagegen gar nicht beglückend an. Ich erinnere mich noch deutlich an dieses Gefühl, das ich hatte, als ich an jenem Morgen von der Waage stieg: „So, jetzt reicht's!" Ich war fast schon zornig auf mich. Wie hatte ich es nur zulassen können, dass ich mich über Monate und Jahre hinweg so ungesund ernährte? Sicher, meine Frau Ilona und ich sind die meiste Zeit des Jahres unterwegs, essen oft mit Kunden in Restaurants, haben wenig

Zeit, uns zu Hause etwas zu kochen. Aber es musste doch möglich sein, so für sich zu sorgen, dass man nicht 15 Kilo zu viel mit sich herumschleppte und das Gefühl hatte, nur noch ungesunde Dinge zu essen!

Zugegeben, dies war nicht der einzige Impuls, den ich bekam, einen ausgetretenen Pfad zu verlassen. Meine Frau Ilona war mir mal wieder ein paar Schritte voraus. Sie hatte sich über ein bestimmtes Programm informiert, das dabei helfen sollte, den Stoffwechsel umzustellen. Weil man bei diesem Programm medizinisch betreut wird, entschloss sie sich, es auszuprobieren – und nun schaute ich ihr jeden Tag zu, wie sie sich Gerichte kochte, die sie genau mit den Vitaminen und Vitalstoffen versorgten, die sie brauchte. Und es roch immer absolut lecker, was sie da zauberte. Sie fühlte sich fitter und gesünder und nahm etliche Kilo ab.

Also gut. Ich ging ebenfalls in diese Praxis, wälzte Fachliteratur und Kochbücher, lernte, was ein glykämischer Index ist und dass die omnipräsenten und vielgepriesenen Light-Produkte zwar wenig Fett haben, aber deswegen noch lange nicht gesund sind. Und ich lernte noch etwas: kochen. Das hatte ich bis dahin nämlich nicht gekonnt. Oder sagen wir: nicht auf dem Niveau, auf dem ich nun agierte. Ilona und ich standen jeden Tag gemeinsam in der Küche und kochten das, was wir anschließend voller Begeisterung aßen. Frisches Obst und Gemüse, schnell und einfach zubereitet – ein echtes Plus an Lebensqualität! Die Umstellung war allerdings nicht ganz so einfach, wie es sich jetzt vielleicht anhört – nach drei Tagen schleppte ich mich schlecht gelaunt, erschöpft und mit brüllenden Kopfschmerzen in die Praxis. „Alles ganz normal!“, beruhigte man mich. „Sie machen gerade einen Entgiftungsprozess durch. Ihnen fehlen einfach die Industrieprodukte, die fast nur noch aus Geschmacksverstärkern und Einfachzuckern bestehen. Machen Sie sich keine Sorgen, das geht von ganz allein wieder weg. Und dann werden Sie sich besser fühlen als je zuvor, versprochen!“

Und so kam es dann auch. In den ersten 30 Tagen nach unserer Ernährungsumstellung nahm ich bereits zehn Kilo ab – und das, obwohl ich nicht hungerte, weder auf Butter, Käse, Olivenöl, Vollmilch oder auf ganz normalen Quark oder Joghurt verzichtete. Seit ich das Gegenteil von dem machte, was ich immer für richtig hielt, fühlte ich mich nicht nur besser und fitter, sondern nahm auch noch ab! Seitdem ich also meinen vertrauten Weg verlassen hatte, machte ich jeden Tag neue und beglückende Erfahrungen.

Schritt 2 auf dem Weg zu Ihrem Lebenstraum:
Tragen Sie in Ihre Lebenslandkarte die Wege ein, die Sie immer gehen und die Sie früher gegangen sind. Das können ganz reale Wege sein – Wege zu Ihrem Arbeitsplatz, Wege, die Sie aus anderen Gründen häufig zurücklegen, Wege zwischen den Orten Ihres Lebens, aber auch alte Gewohnheiten, Dinge, die Sie immer tun, Routinen und Rituale, die Sie pflegen.

Gehen Sie noch einmal die alten Wege!

Sie merken schon: Mit dem Begriff „Wegstrecken“ meine ich nicht nur die ganz konkreten Wege, die Sie im Laufe Ihres Lebens zurückgelegt haben, sondern ganz bewusst auch Routinen und Rituale, die jeder Mensch hat und pflegt. Das können Abläufe sein, die jeden Tag gleich sind – wann jemand aufsteht und ins Bad geht, was er dort als Erstes tut und was als Zweites –, aber auch Familienroutinen: Jeden Samstag frühstücken alle gemeinsam. Jeden Juli kommt Tante Erna für eine Woche zu Besuch. In unseren Ferien fahren wir immer in unser Haus nach Schweden. Und an Weihnachten treffen wir uns immer alle bei Oma und Opa. Verstehen Sie mich bitte nicht falsch: Routinen sind gut, weil sie Sicherheit bieten. Sie sind wie ein Geländer, an dem man sich festhält, während man die Treppe hinunterläuft. Man muss sich keine Gedanken über gewisse Dinge machen, nicht alles ständig neu planen und abstimmen.

Wer dagegen gewohnte Wege verlässt, erlebt sicher hin und wieder unliebsame Überraschungen. Aber: Es lohnt sich ganz bestimmt, auch einmal altbekannte Wegstrecken zu verlassen, vertraute Pfade abzubrechen und etwas ganz Neues auszuprobieren. Der Lohn dafür sind manchmal ein paar Kilo weniger auf den Rippen oder auch eine ganz neue Aussicht aus einem Hotelzimmer – das erlebte ich letztes Jahr auf Juist. Als ich in meinem Hotel ankam, war mein „Stammzimmer“ bereits belegt, ich musste also ein anderes nehmen und stellte nach anfänglichem Unbehagen sehr begeistert fest, dass auf den Balkon des neuen Zimmers abends die Sonne scheint und ich dort von meinem Korbsessel aus ganz wunderbar den Sonnenuntergang genießen konnte.

Kilo und Sonnenuntergänge sind das eine. Wer vertraute Wegstrecken verlässt, gewinnt manchmal aber auch etwas ganz anderes: überraschende Einsichten in seine eigene Persönlichkeit. Als ein wunderbares Beispiel dafür fällt mir die biblische Geschichte von Jakob und Esau ein. Die beiden Zwillingsbrüder – Söhne von Isaak und Rebekka und damit Enkel von Abraham – wurden von ihren Eltern ungleich behandelt: Isaak hatte den erstgeborenen Esau lieber, Rebekka den zweitgeborenen Jakob. Als Esau eines Tages hungrig von der Feldarbeit nach Hause kam, verkaufte er sein Erstgeburtsrecht für ein Linsengericht an seinen Bruder Jakob. Und einige Jahre später, als ihr Vater Isaak alt und gebrechlich war, erschlich sich Jakob mithilfe seiner Mutter tatsächlich den Erstgeburtssegen seines Vaters – er gab sich dem blinden Jakob gegenüber als Esau aus.

Esau ließ sich das natürlich nicht gefallen, und aus Angst vor seinem Zorn schickte Rebekka ihren Liebling Jakob zu ihrem Bruder Laban – Jakob musste also den einmal eingeschlagenen Weg als Augapfel seiner Mutter verlassen. Kaum bei seinem Onkel angekommen, verliebte er sich in seine Kusine Rahel, die er aber erst heiraten durfte, nachdem er Laban zweimal sieben Jahre gedient hatte – und auch ertragen musste, dass Laban ihn erst einmal betrog, indem er ihm Rahel nicht schon nach den ersten sieben Jahren zur Frau gab, sondern ihn zunächst mit deren älterer Schwester Lea verheiratete. Jakob bezahlte also für den Betrug, den er begangen hatte, indem er selbst mehr als einmal betrogen wurde. Viele Jahre später kehrte er mit seiner Familie nach Kanaan zurück. Auf dem Weg dorthin begegnete er Gott in Person eines ihn angreifenden Mannes, mit dem er eine ganze Nacht lang rang und den er schließlich besiegte. Von ihm erhielt er den Namen Israel. Zurück in Kanaan versöhnte er sich mit seinem Bruder Esau. Und seine zwölf Söhne wurden schließlich die Väter der zwölf Stämme Israels.

Jakob durfte also den Weg nicht gehen, den er sich gewünscht hatte und auf dem er sich mehr als einmal schon befunden zu haben glaubte. Und er lernte viel daraus, dass er von seinem ursprünglichen Weg abwich: Er erlangte Kenntnisse über eine unbekannte Kultur und völlig ein anderes Leben, nämlich das bei seinem Onkel. Er lernte, Verantwortung zu übernehmen. Er lernte, für etwas zu kämpfen und diesen Kampf nicht aufzugeben. 15 Jahre zu arbeiten, um eine ganz bestimmte Frau heiraten zu dürfen – das ist eine Heldentat. Er lernte, selbstständig zu werden. Er wurde erwachsen. Etwas, das ihm am Rockzipfel seiner Mutter hängend, sicherlich nicht so gut gelungen wäre.

Ich bin der tiefen Überzeugung, dass Menschen wachsen, wenn sie den von ihrer Tradition und ihrer Familie vorgegebenen Weg verlassen – denn dann emanzipieren sie sich von den Ansprüchen und Erwartungen ihrer Eltern, entwickeln ihren eigenen Willen und finden einen ganz neuen Weg für sich selbst. Das können sie aber nur, wenn sie ihren eigenen Spuren folgen, sprich: sich mit den Wegen beschäftigen, die sie früher gegangen sind.

Gott ist mit Ihnen auf allen Wegen

Wenn Sie sich mit Ihren eigenen biografischen Wegen befassen, indem Sie diese Wege noch einmal gehen – sei es, indem Sie die Wendungen noch einmal nachvollziehen, die Ihr Leben genommen hat oder indem Sie tatsächlich die alten Wege zu Ihrer ehemaligen Schule, zu Ihrem Ausbildungsplatz, zu Ihrer ersten Arbeitsstelle noch einmal beschreiten – was verbinden Sie damit? Welche Gefühle entstehen dann in Ihnen? Was überrascht Sie? Was gibt Ihnen Sicherheit? Trauern Sie längst vergangenen Zeiten nach? Oder sind Sie froh, dass Ihre Vergangenheit auch tatsächlich hinter Ihnen liegt?

Es gibt einen Weg, den gehen viele Menschen ganz bewusst, um sich selbst und auch Gott zu begegnen – ich meine den Jakobsweg. Viel wurde darüber geschrieben und berichtet, eines der besten Bücher über den großen Pilgerweg hat Hape Kerkeling verfasst. Wen er alles auf dem Weg getroffen hat und wie er sich selbst erlebt und empfunden hat, darüber schreibt er ausführlich. Über seine Gottesbegegnung allerdings, die er auf diesem Weg sehr wohl auch hatte, schweigt er sich aus. Ich glaube, das hat vielen Lesern an diesem Buch am besten gefallen. Ich erzähle Ihnen auch gleich, warum.

Zu Beginn meines Halljahres reisten meine Frau Ilona und ich mit unseren Mitarbeitern für ein paar Tage nach Schottland. Diese Reise sollte unseren Dank für unsere Mitarbeiter ausdrücken, die gemeinsam mit uns Tag für Tag arbeiten und unsere Kunden so hervorragend bedienen. Wir wollten in der Community von Northumbria ein paar Tage Ruhe und innere

Einkehr suchen. Einer dieser Tage ist mir sehr eindrücklich in Erinnerung, denn an ihm gingen wir einen ganz besonderen Weg: Wir liefen bei Ebbe durch das Watt von der Küste hinüber zu einer vorgelagerten Insel – nach Holy Island, wo der iro-schottische Mönch Aidan gelebt und gewirkt hat und wo auch heute noch die Ruinen des Klosters stehen, das er gegründet hat. Wir hatten vorher vereinbart, dass wir diesen Weg schweigend zurücklegen wollten. Und so geschah es dann auch. Wir suchten uns still unseren Weg durch das Watt, jeder für sich. Und das war gar nicht so leicht, denn die Priele und Schlammlöcher sind auch bei Ebbe da, und wir mussten unseren Weg durch sie hindurch finden und gehen. Dass wir alle unterschiedliche Wege gegangen waren, konnten wir, zurück auf dem Festland, leicht sehen: Der eine hatte Schlammspritzer und nasse Hosen bis übers Knie, der andere sah so sauber aus, als seien seine Hosen gerade frisch aus der Waschmaschine gekommen. Ganz erstaunlich fand ich, dass wir alle aus unserem Schweigen nur sehr langsam wieder herausfanden. Wir tauschten uns erst spät am Abend über das aus, was uns während unserer Wanderung bewegt hat. Und manche von uns sagten auch gar nichts darüber. Sie hüteten diese Erfahrung wie einen Schatz – wie Hape Kerkeling. Ich bin mir sicher: Wer seinen Weg selbst sucht und ihn geht, der begegnet nicht nur sich selbst, sondern noch viel mehr: Er findet Gott in all seiner Unergründlichkeit. Dazu muss man nicht unbedingt den Jakobsweg gehen. Man kann jeden Weg zu einem Pilgerweg machen.

Im Dialog mit unserem Schöpfer

Im Winter waren Ilona und ich bei Bekannten zum Kaffee eingeladen, gar nicht weit von unserem Wohnort entfernt. Gemeinsam mit ihnen machten wir anschließend einen Spaziergang in einem wunderschönen Tal, das wir – obwohl es quasi direkt in unserer Nachbarschaft liegt – noch gar nicht kannten. Ich erinnere mich an dieses Tal, als wäre ich gerade gestern dort gewesen: Im Talgrund fließt ein Bach, links und rechts zieht sich ein wunderschöner Laubwald die Hänge hinauf. Es ist ein Ort voller Abgeschiedenheit, Frieden und Ruhe. Quer über dem kleinen, von Gras und Wiesenblumen fast überwachsenen Weg, der durch das Tal führt, lagen hier und dort Baumstämme. Wir kletterten darüber und setzen unseren Weg fort – aber an jedem Baumstamm überlegte ich, ob wir ihn problemlos überwinden könnten oder ob es nicht vielleicht besser sei, ihn aus dem Weg zu räumen.

Baumstämme auf unseren Wegen – als wir diesen Wiesenpfad entlangliefen, musste ich an einen Menschen denken, der einmal mein bester Freund war. Wir haben uns viele Jahre gekannt und in guten wie in stürmischen Zeiten einander beigestanden, auch unsere Familien – er lebte mit seiner Frau und seinen beiden Kindern zusammen – hatten sich gut verstanden. Doch dann ging die Ehe meines Freundes und seiner Frau durch eine tiefe Krise. Die beiden trennten sich. Mein Freund zog sich danach zurück. Auch von mir. Unsere Beziehung geriet zu einer Einbahnstraße. Ich meldete mich immer wieder bei ihm, besuchte ihn, sprach mit ihm, doch irgendwann merkte ich: Es kommt ja gar nichts mehr zurück. Sämtliche Kontaktversuche gingen von mir aus. Ich verlor die Motivation und wollte ihm nicht länger hinterherlaufen. Unsere Freundschaft schlief ein. Damals war ich sehr verletzt, heute denke ich mir: Mein Freund hat das Scheitern seiner Ehe als persönliches Versagen empfunden und schämte sich dafür. Diese gescheiterte Ehe oder vielmehr seine Scham lag wie ein Baumstamm über seinem und meinem gemeinsamen Lebensweg. Ich versuchte immer und immer wieder, über diesen Baumstamm hinwegzuklettern oder ihn aus dem Weg zu räumen, aber alleine wollte mir das einfach nicht gelingen. Wie auch – es war ja sein Baumstamm, der uns da im Weg lag.

Unter den Briefen, die ich zu Beginn meines persönlichen Halljahres an Freunde und Familienmitglieder verschickt hatte, war auch einer an diesen Freund. Ich wollte nichts unversucht lassen, diesen Baumstamm doch noch aus dem Weg zu schaffen. Doch der Brief an ihn kam nach ein paar Tagen mit dem Vermerk „Empfänger unbekannt“ zurück. Ich rief die Ex-Frau meines Freundes an, um zu erfahren, wo er nun lebte. Sie erzählte mir, dass er umgezogen sei und gab mir seine aktuelle Adresse. Ich schickte meinen Brief also dorthin und mein Freund rief mich ganz begeistert an. Er wolle mich unbedingt bald sehen und er würde wieder heiraten. Natürlich freute ich mich für ihn und sprach ihm meine Glückwünsche aus. Aus beruflichen Gründen müsse er oft an meinem Wohnort vorbeifahren, so erzählte er mir noch, und versprach mir, das nächste Mal anzuhalten und mich zu besuchen. Auf diesen Besuch wartete ich fast ein Jahr vergeblich.

Als ich dann die Einladungen für das Fest zu meinem 50. Geburtstag verschickte, überlegte ich lange, ob ich ihn auch einladen sollte – und entschied mich dafür. Er rief mich wenige Tage, nachdem er die Einladung erhalten hatte, an, ich konnte an seiner Stimme hören, wie sehr er sich über die Einladung freute. Er sagte mir zu und ich buchte ein Zimmer für ihn. Am Morgen meines 50. Geburtstages rief er wieder an: Er könne leider nicht mit mir feiern, etwas Wichtiges sei ihm dazwischengekommen. Mein Freund hatte zum wiederholten Mal sein Wort nicht gehalten und ich fühlte mich wieder genauso verletzt wie damals, als er nach dem Scheitern seiner ersten Ehe einfach abtauchte. Aber ich stellte auch fest, dass sich meine Haltung ihm gegenüber verändert hatte: Sicher, er war einmal mein bester Freund gewesen. Aber nun hatte ich keine Ahnung mehr, wer er war. Wir hatten uns entfremdet. Ich wusste nicht, wie er lebte, wusste nicht, was ihn beschäftigte, kannte seine neue Frau nicht. Und ich wusste nicht, ob es zwischen uns jemals wieder so werden würde wie früher. Zu lange waren wir nicht auf unserem gemeinsamen Weg gegangen. Wir hatten zugelassen, dass dieser Weg ebenso überwuchert wurde wie der, auf dem ich gerade unterwegs war. Mein Freund schien dies ebenfalls zu spüren und auch den Baumstamm, der uns immer noch im Weg lag. Denn was sonst hielt ihn davon ab, mich tatsächlich zu besuchen und meinen Geburtstag mit mir zu feiern?

Heute hänge ich nicht mehr an dieser Freundschaft, sie ist für mich definitiv beendet. Und weil das so ist, möchte ich sie auch aktiv „begraben“, diese Freundschaft. Ich werde mir dafür ein Symbol suchen, vielleicht einen schönen Stein, und diesen Stein werde ich an einem friedlichen Platz in unserem Garten ablegen. Dann kann Gras darüber wachsen.

Auf unserem Weg über den Wiesenpfad fiel mir noch ein anderer Freund ein: Er ist eigentlich Künstler, folgt aber nicht seiner Berufung, sondern arbeitet als Pastor einer Gemeinde, in der er extrem unglücklich ist. Die finanzielle Sicherheit, die diese Aufgabe ihm bietet, bezahlt er mit massiven Bandscheibenproblemen und daraus resultierenden Schmerzen. Als er wieder einmal von Schmerzen so sehr geplagt war, dass er von Arzt zu Arzt rannte, um endlich jemanden zu finden, der ihn operierte – denn beileibe nicht alle Ärzte waren davon überzeugt, dass die riskante Operation sein Leid lindern würde –, riet ich ihm, sich endlich seiner wahren Berufung zu stellen und den Verwaltungsjob aufzugeben. Ich fühlte mich nicht wirklich wohl dabei, denn ich war mir nicht sicher, ob mein Verhalten nicht vielleicht doch unangemessen war. Schließlich war seine Erkrankung seine höchst persönliche Angelegenheit, die niemanden etwas anging. Aber so groß mein Unwohlsein auch sein mochte – noch größer war meine Überzeugung, dass mein Freund mit dieser OP eine Abkürzung gehen würde. Und zwar eine, die ihn auf seinem Weg zu einem erfüllenden und schmerzfreien Leben kein Stück weiterbringen würde. Das letzte Wort ist hier noch nicht gesprochen, die Operation steht noch aus.

Die gescheiterte Ehe des einen, die Bandscheibenvorfälle des anderen Freundes: Es sind Baumstämme, Blockaden auf ihren jeweiligen Lebenswegen. Ich glaube fest daran, dass

Gott genau durch diese Baumstämme und Blockaden zu uns spricht. Gott zeigt uns etwas mit diesen Hindernissen, die er uns in den Weg stellt: Du bist auf dem falschen Weg! Du hast dich verlaufen! Das ist seine Botschaft für uns. Wir können sie allerdings nur dann verstehen, wenn wir in die Stille kommen, wenn wir in einen Dialog mit unserem Schöpfer treten: Innehalten und uns fragen: Was ist hier los? Bin ich noch auf dem richtigen Weg? Gibt es einen anderen Weg, den ich gehen kann? Wer sich in wildem Aktionismus und mit der Motorsäge über all die Baumstämme hermacht, die ihm den Weg versperren, bringt sich um eine großartige Chance: einfach einen anderen Weg zu gehen. Etwas Neues auszuprobieren. Sich selbst und andere auf eine ganz neue Art zu erfahren. Und nicht zuletzt wieder auf Gott zu hören und zu vertrauen.

Gundula Gause

Ich folge meinen Spuren

Alles Nachdenken über Lebenswege führt mich immer wieder zu den Orten der Herkunft meiner Eltern. Ich wollte sehen und erleben, wo ihre Wiege stand, auch weil die jeweiligen Geburtsstädte hochinteressante und bewegende Geschichten haben. Deshalb unternahm ich im Jahr 2005 mit meinem Vater eine Reise nach Insterburg, wo er 1934 geboren wurde. Sein Elternhaus entspricht in architektonischer Hinsicht in etwa dem Haus, in dem ich heute mit meiner Familie lebe. Beide Häuser wurden in den 30er-Jahren des letzten Jahrhunderts gebaut und haben eine gewisse solide Grundausstrahlung.

Mit meinem Vater besuchte ich damals auch Königsberg, das heutige Kaliningrad. Einer meiner Großonkel, Fritz Gause, war einer der Stadthistoriker von Königsberg. Die von ihm verfasste Stadtgeschichte ist bis heute ein auch ins Russische übersetztes Standardwerk. Das Goethe-Institut St. Petersburg hatte mich gebeten, in Kaliningrad einen Vortrag über Fritz Gause zu halten und tatsächlich folgten viele Stadtführer der Einladung, um etwas über den Autor der von ihnen genutzten Literatur zu erfahren. Auch wegen dieses Termins befasste ich mich einmal mehr mit den Spuren meiner ostpreußischen Familiengeschichte, die Jahrhunderte zurückzuverfolgen wäre.

Lissabon, Portugal – die Heimat meiner Mutter. Ich erinnere mich an viele Sommer, in denen wir wochenlang unsere Ferien am Strand der Costa da Caparica verbrachten, dem

Hausstrand von Lissabon, wo meine Großmutter seit den späten 20er-Jahren lebte. Die Schwester meiner Mutter, die seit den 70er-Jahren in den USA lebt, hatte ein kleines Ferienhaus ganz in der Nähe. Jeden Sommer trafen sich dort meine Mutter und ihre Schwester mit den insgesamt vier Kindern und verbrachten gemeinsame Urlaube am Atlantikstrand. Es waren sehr glückliche Zeiten in einem ganz anderen Umfeld. Ich sehe noch die Korkeichen, mit denen mein Großvater als Kaufmann gehandelt hat, vor meinem inneren Auge, den Weg durch einen Pinienwald zum Meer, den kleinen Transpraia-Zug, der die Lissabonner zum Strand brachte. Allerdings ist mir auch die damalige Armut Portugals gegenwärtig. So erinnere ich mich an Gehwege voller Schlaglöcher, auf denen man ständig aufpassen musste, nicht zu stolpern und zu fallen.

Lissabon ist einer der besonderen Orte in meinem Leben. Ich denke zunächst an die Wohnung meiner Großmutter, voller alter Möbel, von meinem Großvater entworfen und nach seinen Plänen gebaut. Diese Wohnung hatte eine ganz besondere Atmosphäre! Heute stehen einige dieser Möbel aus der Lissaboner Wohnung in meinem Haus in Mainz. Wie manch andere Erinnerungsstücke platziere ich sie bewusst in meinem Leben. Sie sind mir wichtig, weil ich an ihnen viel festmache. Das geht weit über Erinnerungswerte hinaus. In einer Zeit, die sehr schnelllebig ist, einer Zeit, die immer wieder von mir und anderen fordert „du musst dich ändern", ist es eine wesentliche Entscheidung, sich treu und bei Traditionen zu bleiben, die man für sich als gut definiert hat. Rings um uns – um mich – ist vieles in Bewegung. Die Welt ändert sich permanent. Ein Trend jagt den anderen, immer wieder könnte und sollte man sich neu einrichten – und das nicht nur mit Blick auf die Wohnung, sondern auch auf die ganz persönliche Lebenssituation.

Auf jeden Trend aufzuspringen, ist nicht meine Sache. Ich umgebe mich gerne mit Dingen, die die Zeiten überdauert haben, ich schätze sie bewusst, auch weil sie meinem Leben Konstanten geben. Was nicht heißt, dass ich Entwicklung ablehne. Als Medienfrau nutze ich wie alle Welt selbstverständlich moderne Kommunikationsmittel und bin täglich online. Die virtuelle Welt, das Internet ändert unser Leben in einer bislang ungeahnten Dimension: Gegenstände und Orte verlieren an Bedeutung, unsere Kommunikation verändert sich und uns und damit die Gesellschaft. Dieses Thema ist ein weites Feld, das an anderer Stelle weiterer Vertiefung bedarf. Eines ist sicher: In dieser schnelllebigen, virulenten Zeit sucht der Mensch einmal mehr Halt, den ich zum Beispiel schlicht in Beständigkeit und Kontinuität finde. Das mag darin zum Ausdruck kommen, dass ich über viele Jahre einer im Kern ähnlichen Arbeit nachgehe oder in dem Wunsch, sich mit den Möbeln meiner verstorbenen Mutter und Großmutter zu umgeben.

Ausdruck der Schnelllebigkeit unserer Zeit ist auch die von vielen Seiten angeprangerte „Wegwerf"-Mentalität. Ich bin ein Sammler und Jäger und werfe viel zu wenig weg. Auch das kann man natürlich kritisieren, allerdings ist es für mich unvorstellbar, Dinge wegzugeben oder wegzuwerfen, zu denen meine Großeltern oder Eltern einen wichtigen Bezug hatten.

Das sind für mich Spuren des Lebens – eine Selbstverständlichkeit, sie zu erhalten.

Auch in Bezug auf meinen christlichen Glauben folge ich ein Stück weit dem, was mir meine Mutter vorgelebt hat. Sie legte quasi religiöse Wurzeln, die ich für mich nach und nach entdeckte. Meine Mutter war eine aktive Protestantin, die mich zum christlichen Glauben führte, mit uns Kindern betete und von Gott sprach. Diese Instanz war für sie eine wichtige Lebenskoordinate.

Gleichwohl bin ich ihr zuliebe auch nicht zum katholischen Glauben konvertiert, was durchaus immer wieder im Raum steht, da ich in eine sehr katholische Familie eingeheiratet habe. Mein Mann und ich leben relativ bewusst unseren christlichen Glauben und akzeptieren die unterschiedliche Konfession des anderen. Die Kinder sind katholisch getauft und werden ebenso erzogen. Es ist uns wichtig, dass sie im christlichen Glauben groß werden und Religion als etwas Positives erleben. Auch das führt zu Beständigkeit und im weiteren Sinn zu einer gewissen Standfestigkeit.

In meiner Kindheit zogen wir häufig um. Mein Vater war Jurist bei der Deutschen Bahn, die ihn von Berlin nach Hannover, Fulda, Stuttgart, 1975 nach Mainz und schließlich nach Hamburg schickte. Ich erinnere mich an die Umzüge, das Verabschieden von alten Freunden, das nicht immer leichte Finden neuer Freunde, das Aufgeben und Verlassen und das Neudefinieren von Wegen und Strukturen.

Auch mein Vater musste als junger Mensch seine Heimat verlassen. Als seine Heimatstadt Insterburg 1944 bei einem britischen Bombenangriff erheblich zerstört und im Januar 1945 von der Sowjetunion besetzt wurde, wurde die Zukunft der Familie dort immer ungewisser, zumal auch mein Großvater kurz nach dem 11. Geburtstag meines Vaters fiel. Mein Vater hat seinen Vater, seitdem er sich an seinem Geburtstag von ihm verabschiedet hatte, nicht mehr wieder gesehen. Durch den Krieg veränderte sich für meinen Vater die Landkarte seines Lebens dramatisch. Er verlor sein Zuhause, seine Heimat. Mit Mutter, Großmutter und zwei Geschwistern floh er nach Berlin. Ihm hatte man das noch vorhandene Geld in den Kindermantel eingenäht. Außer dem, was man am Leibe und in zwei Koffern tragen konnte, hatte die Familie nichts mehr. Tausende ereilte das gleiche Schicksal. Vertrieben und entwurzelt mussten viele von Neuem beginnen.

Die Reise 2005 an den Geburtsort meines Vaters war ein sehr wichtiger Weg für mich. Ich wollte das Haus und den Garten in Insterburg sehen und die Fotos aus den 30er-Jahren mit der Realität abgleichen, verstehen, wie schlimm der Verlust der Heimat für einen Menschen sein kann. Die Geschichte unserer Eltern prägt uns. Ihre Geschichte ist auch unsere Geschichte. Ohne Herkunft, keine Zukunft ist ein häufig gebrauchtes Bild, das ich allerdings als hilfreich empfinde bei allem Nachdenken über Spuren meines Lebens. Die Geschichte unserer Eltern ist natürlich durch besondere historische Begleitumstände bedingt, wie den Krieg, den Verlust der Heimat und das Leben in dem geteilten Deutschland. Innerhalb dieser Bahnen haben sie ihre Entscheidungen gefällt und Spuren gelegt.

Ab Mitte der 80er-Jahre gingen meine Eltern getrennte Wege. Mein Vater heiratete ein zweites Mal und lebte über 20 Jahre in Hamburg. Vor einiger Zeit hatte er die Möglichkeit, in meine unmittelbare Nachbarschaft zu ziehen. Er hat den Sprung gewagt, der ihm als „altem Ostpreußen“ nicht leichtfiel. Mit 74 Jahren zogen er und seine Frau noch einmal um, in meine Nähe – eine bewegende Spur des Lebens.

Rainer Wälde

Topografie: Ich gehe über Berg und Tal

Höhepunkte und Tiefpunkte unseres Lebens – auch Jahre, nachdem wir sie erlebt und durchlitten haben, erinnern wir uns an sie und können sie uns anschauen wie einen Film, der vor unserem inneren Auge abläuft. Die vielen kleinen Alltagsdinge, tägliche Abläufe und Routinen verblassen dagegen schnell. Die Höhen und Tiefen aber bleiben. In meinem Leben gibt es einen Höhepunkt, der mir außergewöhnlich präsent ist, so, als wäre es gerade erst gestern gewesen, dass ich an einem wunderbaren Morgen meine Stadt von oben anschauen durfte. Aber der Reihe nach.

Der Marktplatz von Weilburg, einer kleinen Stadt an der Lahn, an einem Spätsommertag im August: Vor der Kulisse des Renaissanceschlosses bereiten ein paar Menschen einen Ballon zum Start vor. Seine bunte Hülle liegt noch schlaff auf dem Kopfsteinpflaster. Der Brenner faucht laut. Selbst hinter der Absperrung, hinter der ich mich zusammen mit den anderen Zuschauern des Weilburger Ballonfestivals dränge, spüre ich noch die Hitze des Feuers. Die Szenerie ist eingehüllt in das goldene Licht der schon tief stehenden Sonne. Die Stimmung: fröhlich, entspannt, ein bisschen aufgekratzt, die Menschen lachen und freuen sich auf den Start des Ballons. Eine halbe Stunde später ist es so weit: Der Ballon ist mit heißer Luft gefüllt und steht über unseren Köpfen. Es sieht fast so aus, als zerre er an den Halteseilen, weil er es kaum erwarten kann, in den mittlerweile rot gefärbten Abendhimmel zu entschweben. Jetzt wird es doch noch ein bisschen hektisch: Die vier Ballonfahrer klettern schnell in den Korb, Kommandos werden gerufen, sie machen die Leinen los – und uns Zuschauern bleibt nichts anderes, als die Köpfe in den Nacken zu legen und dem Ballon hinterherzustaunen, als er seine Fahrt in die milden Lüfte aufnimmt.

In diesem Moment ist für mich ganz klar: Das will ich auch erleben! Ich denke gar nicht weiter darüber nach, sondern klettere sofort über die Absperrung und gehe auf eine der Frauen aus dem Ballonfahrerteam zu, die am Boden zurückgeblieben ist. „Wann kann ich mitfahren?“, frage ich sie. Ich frage nicht, ob ich mitfahren kann – denn dass ich mitfahren werde, steht für mich fest. Sie schaut mich überrascht an, aber dann lacht sie. „Kommen Sie morgen früh um halb sechs wieder. Dann können Sie mitfahren!“ Ich kann mein Glück kaum fassen. Leider hält es nur ein paar Augenblicke. Denn sofort überfällt mich so etwas wie Lampenfieber. Ich bin fürchterlich aufgeregt. Und ich fürchte mich auch ein bisschen. Was geschieht da oben in der Luft? Was ist mit meiner Höhenangst? Was passiert, wenn das Gefühl übermächtig wird, wieder ganz schnell festen Boden unter den Füßen haben zu müssen? In dieser Nacht schlafe ich sehr schlecht. Am anderen Morgen stehe ich schon um halb fünf auf. Appetit habe ich überhaupt keinen, also fällt das Frühstück aus. Ich mache mich auf den Weg.

Wieder in Weilburg angekommen, fällt jedoch alle Aufregung von mir ab. Ich helfe den Ballonfahrern, den Ballon startklar zu machen, freue mich, als sich die Sonne endlich zeigt und uns ihre wärmenden Strahlen schickt. Und dann geht es auch schon los. Der Brenner faucht, wir steigen in den Korb und kurz danach in die Höhe. Weil der Korb mir tatsächlich nur bis an die Hüfte reicht, halte ich mich an einem der Seile fest. Das gibt mir Sicherheit. Meine Angst ist weg. Geblieben ist ein fast schon fassungsloses Staunen. Sobald der Brenner schweigt, fahren wir geräuschlos, gleiten still über die Stadt Weilburg und die umliegenden Dörfer, über die Landschaft, Wälder und Kornfelder. Die Menschen schlafen überall noch, niemand ist auf den Straßen, hin und wieder sehen wir ein Auto, irgendwo knattert ein Motorrad einsam über einen Feldweg. Wir schweben über der Welt, in der ich mich tagtäglich bewege. Ich bin mittendrin im Film meines Lebens. Ganz großes Kino.

Die Stille dort oben ist unermesslich, wie atemlos und unberührt. Wir reden nicht an diesem Morgen, in unserem Ballonkorb, im Licht der steigenden Sonne. Keiner bricht das Schweigen, denn wir fühlen alle: Es ist heilig und voller Frieden. Jeder hängt seinen Gedanken nach. Ich bin mit mir, der Natur und den Orten meines Lebens beschäftigt. Der Wind trägt uns über das Land, ich nehme Berge und Täler wahr, sehe viel Schönes, aber auch Schutthalden und Müllkippen. Es ist wie im Leben unten auf der Erde. Es gibt Höhepunkte und Tiefpunkte. Diese Ballonfahrt ist einer der Höhepunkte meines Lebens. Von hier oben, von diesem Höhepunkt aus, habe ich den Überblick über das, was mein Leben ausmacht. Und genau das ist der Grund, warum Höhepunkte so wichtig sind: Sie verschaffen uns den Weitblick, ohne den wir nicht überleben können.

Schritt 3 auf dem Weg zu Ihrem Lebenstraum:
Tragen Sie in Ihre Lebenslandkarte die Höhen und Tiefen Ihres Lebens ein. Sie können die Linien mit jeweils einer Farbe für die Höhen und einer für die Tiefen entweder um die Orte herum platzieren, an denen sich die Höhe- und Tiefpunkte ereignet haben – oder Sie zeichnen dafür einen extra Punkt auf Ihrer Landkarte ein.

Eine Begegnung mit Gott

Zurück auf der Erde und in meinem Zuhause bin ich noch so erfüllt von dieser Ballonfahrt, von diesem Lebenshöhepunkt, dass ich diesen Moment noch ein bisschen festhalten will. Ich greife wieder einmal zu meiner Lebenslandkarte, auf der ich die Orte und Wege meines Lebens schon eingetragen habe. Nun zeichne ich noch die Höhepunkte dazu ein – aber auch die tiefen Täler, durch die ich schon gegangen bin. Weil ich dazu zwei Farben nehme, kann ich schon nach kurzer Zeit ganz plastisch und ohne 3-D-Brille sehen, wie aus meinem eindimensionalen Lebensweg ein Relief meines Lebens wird. Neben die Höhepunkte meines Lebens schreibe ich noch die Emotionen, die ich mit diesem speziellen Höhepunkt verbinde. Das hilft mir, mir noch einmal zu vergegenwärtigen, was dieses jeweilige

Hochgefühl ausgelöst hat und warum ich in diesen Momenten so stark das Empfinden hatte, die Welt gehöre mir. Als ich diese Karte anschaue, erfüllt mich das gleiche Gefühl wie ein paar Stunden zuvor im Korb des Ballons: Ich habe einen Überblick. Ich weiß, wo es langgeht. Ich sehe Täler, aber ich erkenne auch: Sie sind nicht das Ende. Nach jedem Tal kommt wieder ein Berg. Und ich spüre: Ich schaffe es immer wieder, einen Weg aus dem Tal heraus zu finden und einen Berg, einen neuen Höhepunkt, zu erklimmen. Das macht mich sicher – so sicher, wie ich mich in dem Ballon gefühlt habe, auch wenn es da nur ein Seil gab, an dem ich mich festhalten konnte.

Heute habe ich manchmal die Gelegenheit, die Lebenslandkarten von anderen Menschen anzuschauen. Die Höhepunkte ähneln sich oft. Es sind meist Hochzeiten, Geburten der Kinder, der Bau eines eigenen Hauses, eine schöne Reise, vielleicht aber auch der Antritt des ersten Jobs oder Familienfeste. Ich bin mir sicher: Auch unsere Vorfahren hätten auf die Frage nach ihren Höhepunkten ganz ähnliche Ereignisse benannt.

Aber einer unserer Vorfahren hätte gewiss in seine Lebenslandkarte eine ganz andere Erfahrung als den Höhepunkt seines Lebens eingetragen: Mose. Am Berg Horeb begegnete er Gott und erhielt von ihm Berufung und Auftrag, die Kinder Israels aus Ägypten in das Land der Kanaaniter zu führen – dorthin, wo Milch und Honig fließen. Obwohl Mose zweifelte und zauderte und zunächst nicht daran glaubte, dass er sein Volk aus den Händen des Pharaos befreien könne, gelang ihm genau das – mit Gottes Hilfe und Unterstützung. Das war sicherlich ein Höhepunkt seines Lebens, der aber nicht lange danach in einem Tiefpunkt mündete: Nachdem Mose sein Volk befreit hatte, brachte er es auf den Weg nach Kanaan. Auf dieser Reise sprach er wieder mit Gott – auf dem Berg Sinai – und erhielt dort von ihm die Zehn Gebote für Gottes auserwähltes Volk. Mose kam nach 40 Tagen auf dem Berg mit diesen Zehn Geboten zurück und musste sehen, dass sein Volk währenddessen ein goldenes Kalb gegossen hatte und dieses anbetete – also bereits das erste Gebot Gottes übertrat. Vor lauter Wut zerstörte Mose die beiden Gebotstafeln. Dies war sicherlich ein schwarzer Tag in seinem Leben.

Die Täler meines eigenen Lebens und die vieler anderer Menschen haben durchweg etwas mit negativen Emotionen zu tun: Unfälle, Krankheiten – die eigenen und die anderer, geliebter Menschen –, Abschiede, Trennungen, ein verlorener Job. Es sind Krisen, die Einschränkungen bringen. Dass es diese Krisen gibt, dass sie kommen, können wir nicht beeinflussen. Wir können nichts dagegen tun. Genauso wenig wie Mose verhindern konnte, dass sein Volk in der Zeit seiner Abwesenheit ein goldenes Kalb goss und es anbetete. Was wir aber tun können: Wir können uns diese tiefen Täler, diese Krisen sehr genau anschauen und uns überlegen, was wir aus ihnen gelernt haben. Wir können aus den Krisen Kapital schlagen. Das gelingt uns jedoch nicht, wenn wir diese Lebenskrisen in den Keller unserer Seelen verbannen und sie uns nie mehr ansehen. Das gelingt uns nur, wenn wir uns diesen Tiefpunkten stellen und uns fragen: Was haben mir diese Krisen Gutes getan? Was habe ich durch sie Neues gelernt? Wie kann ich daran wachsen?

Auch Mose ist an der Krise seines Lebens gewachsen. Er gab nicht auf. Sein Gott gab ihn nicht auf. Mose hatte die innere Kraft und Stärke, wieder auf seinen Glauben und auf seinen Gott zu vertrauen – und auch auf sein Volk. Er fertigte zwei neue Tafeln aus Stein an, auf die Gott ihm noch einmal die Zehn Gebote schrieb. Er überbrachte diese Gebote seinem Volk, das sich reuevoll daran hielt und unter dem Schutz Moses und seines Gottes ins gelobte Land einzog.

Mehr als eine Lebenskrise

Das tiefste Tal meines Lebens war der Tod meiner ersten Frau Bettina. Sie starb an Krebs, als sie 37 Jahre alt war. Als sie krank wurde und wir erfuhren, dass keine Heilung mehr möglich ist, gab ich meine Hoffnung nicht auf, sondern war von einem tiefen Gottesvertrauen erfüllt. Gott würde ein Wunder tun, davon war ich überzeugt. Er würde mir nicht zumuten, ein zweites Mal einen geliebten Menschen zu verlieren. Schließlich war auch meine Mutter schon sehr früh an Krebs gestorben – als ich noch ein Kind gewesen war. Bettina und ich beteten und hofften, und viele andere Menschen beteten und bangten mit uns. Doch die so sehr herbeigesehnte Besserung trat nicht ein. Bettina ging es immer schlechter. Und irgendwann war klar: Sie würde sterben. Es würde kein Wunder geben. Gott würde nicht eingreifen.

Hinter dem Haus, in dem Bettina und ich damals lebten, war ein kleiner, sehr dunkler Wald mit eng stehenden Fichten.

Dorthin ging ich einmal am Tag, denn in diesem dunklen und engen Wald fühlte ich mich wohl. Er verkörperte genau das, was sich in meinem Inneren abspielte: Es war finster in mir und ich sah keinen Ausweg mehr. In diesem Wald konnte ich meiner Verzweiflung und meinem Kummer freien Lauf lassen. Dort weinte ich und schrie – ich schrie Gott an, weil ich unendlich wütend auf ihn war. Warum ließ er Bettina so leiden? Warum mutete er mir zu, schon wieder jemanden zu verlieren?

Heute weiß ich: Mein Glaube damals war kein echter Gottesglaube. Meine Ansprüche an Gott hatten etwas Fatalistisches. Ich war zwar religiös, hatte aber den wahren Glauben, den echten Gott noch nicht entdeckt. Als Bettina dann kurze Zeit später gestorben war, brach für mich nicht nur eine Welt zusammen, sondern auch das, was ich bis dahin für meinen Glauben gehalten hatte. Meine Beziehung zu Gott war zerstört – für immer. So fühlte es sich damals zumindest an. Ich saß in einem wirklich tiefen Tal meines Lebens. In den Wochen und Monaten danach führte ich viele Gespräche, mit Therapeuten, mit Freunden – und mit einem katholischen Priester, den ich während eines Kuraufenthaltes kennenlernte. Er war dort seelsorgerisch für die Patienten tätig, und trotz des Nebels aus Schmerzen und Kummer, der mich immer noch umgab, nahm ich doch eines wahr: Dieser Priester war ganz und gar unreligiös. Er trat überhaupt nicht wie ein Priester auf. Eines Abends fragte ich ihn, ob ich ihn unter vier Augen sprechen könne, und so verabredeten wir uns. In den Gesprächen mit ihm fühlte ich mich das erste Mal seit Bettinas Tod wieder am richtigen Platz. Ihm konnte ich sagen, wie wütend ich auf

Gott war – und wie sehr ich mich für diese Wut schämte, wie sie mich innerlich zerfraß, diese Wut. Dem Priester gelang es, mich von dieser Scham zu befreien. Er sagte zu mir: „Du kannst Gott anklagen, so oft du willst. Du darfst so wütend auf ihn sein, wie es dir passt. Ihm macht das nichts aus. Das Einzige, was zählt, ist, dass du dabei du selbst bleibst. Dass du authentisch bist."

Und so langsam dämmerte es mir: Ich war ein religiöser Mensch, der seinen Glauben als Religion lebte. Der dachte, dass man sonntags in die Kirche gehen und beten muss, damit einem nichts Schlimmes zustößt. In der Zeit nach Bettinas Tod und vor allem in den Gesprächen mit diesem Priester erkannte ich jedoch: Religiöse Formeln tragen uns nicht durchs Leben. Es kommt viel mehr darauf an, auf das eigene Herz zu hören und hinsichtlich der eigenen Emotionen ehrlich zu sich selbst und zu Gott zu sein. Gott will Menschen, die mit ehrlichem Herzen an ihn glauben. Religion hat für mich viel mit Theaterspielen zu tun. Wir „spielen" ein Tischgebet – senken den Kopf und tun so, als ob wir ein Tischgebet sprechen. Weil wir der Form genügen wollen oder denken, dass andere das von uns erwarten. Dabei begegnen wir Gott nicht nur in der Kirche oder während des Tischgebets, sondern immer und überall. In einem Wald oder in einem Ballon.

In der schlimmsten Krise, im tiefsten Tal meines Lebens habe ich es geschafft, mich vom religiösen, formelhaften Glauben meiner Kinderzeit zu lösen. Meine Lebenskrise war gleichzeitig auch eine Glaubenskrise. Aus dieser Krise entstand jedoch etwas Gutes: meine lebendige Beziehung zu Gott, die mich heute trägt. Ich weiß und spüre jetzt, dass Gott an einem ehrlichen, emotionalen Dialog interessiert ist – jenseits von rituellen Gebetszeiten. Ich bete zu Gott, wann immer ich das Bedürfnis dazu habe. Und wo auch immer ich das Bedürfnis dazu verspüre. Das kann im Auto sein, auf der Fahrt zu einem Kunden oder zu einem schwierigen Gespräch, am Abend, am Morgen – eben immer dann, wenn ich innehalten will, wenn ich nicht mehr weiterweiß, wenn ich still werden will im Alltag. Das kann 30 Sekunden dauern, drei Minuten oder 30. Ganz egal. Gott ist in allem. Und das sehe ich besonders deutlich, wenn ich innehalte und mir einen Überblick verschaffe – so wie im Heißluftballon an jenem Spätsommermorgen vor ein paar Jahren. Ein Perspektivwechsel hilft mir immer wieder, Orientierung zu finden. Aus diesem Grund brauchen wir Höhepunkte in unserem Leben. Sie verschaffen uns andere Einsichten. Um das zu erkennen, musste ich aber erst in die tiefsten Tiefen meines Lebens hinabsteigen und meine Lehren daraus ziehen. Das war nicht einfach. Das tat sehr weh. Aber ohne diese Erfahrung wäre ich heute nicht der, der ich bin.

Krisen sind Leben

Die Tiefen und Höhen des Lebens und die heilende Kraft des Glaubens – wo könnten sie schöner ausgedrückt und symbolisiert sein als in Rio de Janeiro? Die von Bergen und Buchten gleichermaßen geprägte Stadt sah ich das erste Mal in einem James-Bond-Film und war sofort fasziniert – vor allem von der riesigen Christusstatue auf dem Corcovado. Vor vier Jahren war ich dort und meinen ersten Ausflug machte ich natürlich auf den Berg mit der Statue. Er zog mich unglaublich an. Ich fuhr mit der Zahnradbahn dort hinauf. Oben stieg ich aus, noch den Lärm der pulsierenden Millionenstadt im Ohr, und wurde von einer wunderbaren Stille empfangen. Der Blick von diesem Höhepunkt war überwältigend: Die Stadt, die Buchten und Inseln, die anderen Berge, all das lag mir zu Füßen, eingehüllt in das Blau des Himmels und des Meeres. Und hinter mir, in meinem Rücken, 38 Meter hoch und 1145 Tonnen schwer, stand die Christusstatue. Christus schützt die Stadt und er schützt mich – so fühlte es sich für mich an.

An einem weiteren Höhepunkt in meinem Leben hatte ich den Überblick über alles und war geschützt und sicher durch Christus in meinem Rücken. Dies schien mir ein wunderbares Bild für das Leben und den Glauben zu sein. Und mir kam dort oben erneut die Skulptur eines Künstlers in den Sinn, die ich kurz nach dem Tod von Bettina entdeckt hatte: eine Christusfigur mit ausgestreckten Armen, die einen Menschen hält. Dieser Mensch hängt in der Luft, er hat keinen Boden mehr unter den Füßen, er schwebt fast – so hatte ich mich gefühlt, nachdem Bettina gestorben war. Auch wenn ich es damals nicht sehen und fühlen konnte – Gott hat mich gehalten. Nun, auf dem Berg Corcovado, unter der großen Christusstatue, wurde mir einmal mehr bewusst, dass wir nicht tiefer fallen können als in Gottes Hand. Er hält uns. Immer.

Manchmal bekomme ich von Freunden eine etwas erstaunte Rückmeldung. Sie sagen zu mir: Du hast es in deinem Leben doch wirklich gut getroffen, du bist selbstständig, verdienst dein Geld mit dem, was du am liebsten machst, schreibst Bücher, bekommst Preise für deine Projekte – und trotzdem durchleidest du immer wieder Krisen? Woher kommt das? Ich antworte ihnen dann: Auch wenn nach außen hin alles wunderbar aussieht – Krisen passieren immer und sie gehören dazu. Ohne Tiefpunkte keine Höhepunkte. Zum Glück sind es in meinem Leben derzeit „nur" die Krisen des Alltags, Dinge, die nicht klappen, Projekte, die sich nicht so entwickeln, wie ich sie geplant habe. Und schließlich gilt doch: Wenn ein Leben nur aus Höhepunkten besteht, dann verlieren sie ihren besonderen Charakter. Dann gewöhnt man sich daran und fühlt sich innerlich irgendwann leer.

Wenn ich über den Übergang von einem Höhe- zu einem Tiefpunkt nachdenke, dann fällt mir die Landung ein, die wir damals mit unserem Ballon hinlegten. Da sich ein Ballon nur eingeschränkt steuern lässt, weiß keiner so genau, wo diese Landung stattfinden wird. Der Höhenverlust wird nur dadurch erreicht, dass der Brenner nicht mehr gezündet wird – der Ballon verliert so nach und nach an Volumen und sinkt Richtung Boden. Unten angekommen, setzt der Korb auf, recht unsanft, dann hebt er wieder für ein kurzes Stück ab, setzt noch einmal auf, so geht das eine ganze Weile, es ruckelt und hoppelt, der Korb gräbt sich immer wieder in die Erde, die Passagiere werden durchgeschüttelt, das Ganze ist eine wirklich anstrengende Angelegenheit. Irgendwann bleibt der Ballon dann endlich unten, die erschlaffte Hülle sinkt zu Boden.

Und auch hier sehe ich wieder die Parallele zum Leben: Aus den himmlischen Höhen, in denen wir uns in einem Moment befinden, stürzen wir ab – sei es, weil unser Arzt mit einer schlimmen Diagnose aufwartet, sei es, weil unser Arbeitgeber uns kündigt oder weil unser Partner uns verlässt. Wer solche Krisen als das empfinden kann, was sie sind – nämlich zum Leben zugehörig – ist besser für sie gerüstet und kann sie schneller hinter sich lassen. Wer das nicht schafft, ist gut beraten, sich professionelle Hilfe zu holen. Schnell. Im Laufe der letzten zehn Jahre habe ich in etlichen Tiefphasen meines Lebens Therapeuten aufgesucht, beispielsweise um die Trauer um meine erste Frau aufzuarbeiten. Ich kenne viele Menschen, die noch Jahre, nachdem sie einen geliebten Menschen verloren hatten, mit psychosomatischen und medizinischen Symptomen in irgendwelche Kliniken eingeliefert wurden. Das zeigt mir: Wenn Menschen die Tiefpunkte ihres Lebens nicht ansehen, wenn sie ihre Traumata nicht aufarbeiten, ihrer Trauer nicht Gehör schenken, gären sie in ihnen weiter.

Krisen, Traumata und Trauer sind wie ein Schwimmflügel – man kann sie sicherlich permanent unter Wasser drücken. Aber das kostet viel Kraft. Das geht jedoch einfacher, wenn man zunächst die Luft rauslässt. Auch ein Ballon kann nur landen, wenn seine Hülle leer ist. Manchmal muss man im Leben landen, die Luft aus etwas lassen, ein Trauma, eine Lebenskrise genau anschauen, um weiterleben zu können. Und um wieder einen Höhepunkt ansteuern zu können. Fragen Sie mal Mose, der wusste das auch.

Gundula Gause

Über Berg und Tal

Dass nach jedem Auf ein Ab, nach jedem Berg ein Tal und nach jedem Höhepunkt ein Niedergang kommt, ist eine Binsenwahrheit. Aber so ist es. Und ist es nicht ein Glück, dass in dem – zwar durch die Schuldenkrise angeschlagenen, sich aber doch noch stabil zeigenden – Europa immer noch ein Leben in relativer Sicherheit möglich ist? Natürlich gibt es die großen Auf-und-Ab-Entwicklungen auf politischer Ebene, die die Koordinaten unserer Gesellschaft bestimmen. Die Lebensrealität der Einzelnen aber spielt sich maßgeblich in ihrem persönlichen Umfeld ab – und alles Persönliche aus dem nahen familiären und beruflichen Umfeld hat für meine Begriffe eine eigene, besondere Relevanz.

Im Frühjahr des Jahres 2010 wurde meine Mutter sehr krank. Es dauerte Monate, bis wir nach vielen mühsamen Arztterminen, Diagnosen und Gesprächen erkennen und annehmen mussten, dass es eine schwere und wohl seltene Krebserkrankung war. Ab einem bestimmten Punkt war klar, dass die Entwicklung nicht mehr aufzuhalten war. Die Hoffnung auf Heilung schwand schnell, viel schneller, als man es in einer solch unvorhersehbaren Situation annehmen kann. Gemeinsam haben wir aber alles versucht, was möglich war – wie wohl jeder, dem dieses Schicksal widerfährt, alles Mögliche unternimmt – gegen alle Rationalität und Realität.

Im September fuhren wir zu einem befreundeten Onkologen nach Zürich, um Rat zu holen. Meine Mutter war schon ziemlich schwach und es ging ihr sehr schlecht. Vor der Abfahrt fragte sie mich: „Meinst du, das hat überhaupt noch Sinn? Ich glaube, ich schaffe das nicht.“ Aber ich wollte mich nicht abbringen lassen.

Mit unserem alten Volvo fuhren wir von Mainz durch die Rheinebene, an Karlsruhe vorbei nach Basel und weiter durch die Alpen, 430 Kilometer, etwa fünf Stunden dauerte die Fahrt. In Zürich verbrachten wir drei Tage – hatten in dieser Ausnahmesituation noch mal Zeit miteinander. Es war die letzte Reise ihres Lebens. Uns beiden war das klar.

Wir haben die Tage genutzt, um Abschied zu nehmen, einerseits. Andererseits haben wir versucht zu tun, was möglich war: Wir führten Gespräche mit dem Onkologen, der uns Mut machte, es mit einer sanften Chemotherapie doch zu versuchen. Wir gingen aber auch in Restaurants, trafen unseren ältesten Sohn (aus der ersten Ehe meines Mannes), der in Zürich an der ETH eine Famulatur im Rahmen seines Medizinstudiums absolvierte. Unsere kleine Schiffstour auf dem Zürichsee werde ich nicht vergessen. Die letzte Reise mit meiner Mutter hat meinem Leben mit ihr eine eigene Dimension gegeben. Anfang Oktober ist sie gestorben.

Das Jahr 2010, in dem sie starb, war für mich einschneidend. Die Monate der Krankheit, die letzten Tage, der Tod, die Zeit danach. Es war mir sehr wichtig, dass ich sie in dieser Zeit gut begleiten konnte. Aber wie jeder, der einen nahestehenden Menschen verliert, fragt man sich: Was hätte man besser machen können? Hätte man mehr Zeit mit ihr verbringen sollen? Hätte man früher handeln können und sollen?

Rückblickend habe ich mir auch in dieser letzten Etappe ihres Lebens zu wenig Zeit für meine Mutter genommen. Ihre Krankheit breitete sich rasend schnell aus. Und ich habe zu spät wahrgenommen, wie schlecht es um sie bestellt war. Erst als sie nach einer einzigen Chemotherapie mit einer Lungenentzündung ins Krankenhaus kam, habe ich wirklich begriffen, dass es kein Zurück gab. Mein Bruder reiste von Berlin an – es waren drei Tage des Elends, in denen wir Kinder an ihrer Seite waren und bis zuletzt die Hoffnung nicht aufgaben. Den Tod habe ich dann als eine Erlösung empfunden, als ein Einschlafen, ein Hinübergehen in einen Raum, den ich mir als Christin als gottgegeben konstruiere. Sie ging zu Gott – und ist bei ihm aufgehoben. Das Leben geht weiter.

Froh und dankbar bin ich, dass ich in diesem Moment an ihrer Seite sein durfte. Es ist gewissermaßen eine Form von Koinzidenz, dass ich 14 Jahre zuvor meine Großmutter, die Mutter meiner Mutter, in der gleichen Situation begleitete. Meine Großmutter hatte ihr Leben in Lissabon verbracht und war vier Jahre vor ihrem Tod von Portugal nach Mainz gezogen, weil es zur damaligen Zeit in Lissabon keine adäquaten Altersheime gab. Sie starb 1996 im Alter von 86 Jahren. Ihre zweite Tochter war aus den USA zu Besuch – darauf hatte meine Großmutter gewartet, um sich zu verabschieden. Wir – ihre zwei Töchter und ich – entschieden, sie auch in den Nächten nicht mehr allein zu lassen. Und in der ersten Nacht nach dieser Entscheidung, in der ich an ihrem Bett saß, starb sie. Meine Großmutter, durchaus Kirchenskeptikerin, brauchte mein „Vater unser" in diesem Moment zwar nicht, aber ich meine und hoffe, ihr durch meine Präsenz und Nähe Beistand gegeben und ihr geholfen zu haben.

Der Tod eines geliebten Menschen führt einen zu den existenziellen Fragen des Lebens. Inmitten der Alltagshektik von Familie und Beruf stellt man neu fest, wie endlich und zerbrechlich alles ist. Wir leben in keiner heilen Welt.

Die Nachrichten, mit denen ich mich täglich auseinandersetze, berichten häufig von Terrorszenarien, Unglücken und Katastrophen, von Tod, Leid und großem Schmerz. Wir zeigen Bilder von Anschlagsorten, ich formuliere dazu Nachrichten und stelle allabendlich einen Meldungsblock zusammen, der eigentlich nur „schlechte Nachrichten" beinhaltet: Anschläge in Afghanistan oder im Irak, Erdbeben in der Türkei oder in Japan, die Atomkatastrophe von Fukushima, Rechtsextremismus – oder islamischer Extremismus, gesellschaftliche Missstände wie Kinderarmut, Firmenpleiten und nicht zuletzt das Megathema der Schuldenkrise – die Suche nach der guten Nachricht ist ein beliebtes Thema in vielen Redaktionen.

Ich frage mich häufig, wie die Zuschauer mit diesen „schlechten Nachrichten" umgehen, wie nah sie diese nicht heile Welt an sich heranlassen, welche Bedeutung einzelne Meldungen von Gewalt und Missständen für sie haben. Und zugleich stellt sich natürlich auch für uns Nachrichtenjournalisten die Frage, wie nah lassen wir Leid an uns selbst heran? Wie gehen wir mit unserem Anspruch an Neutralität und inhaltlicher Distanz mit Themen um, die einen natürlich auch persönlich umtreiben? Geht das überhaupt?

Mit schlechten Nachrichten und Entwicklungen zu leben und dennoch Hoffnung für diese Welt zu haben, ist nicht einfach. Manchmal können wir helfen, zum Beispiel indem wir Geld spenden oder uns in irgendeiner Form engagieren. Wir können uns mit anderen zusammenschließen und gegen eine schlechte Entwicklung in unserer Gesellschaft die Stimme erheben. Wir können versuchen, im Kleinen etwas für den Erhalt der Natur zu tun. Anderes – wie zum Beispiel das Thema der galoppierenden Staatsverschuldung – zieht wie ein Film an uns vorbei. Ratlos stehen wir daneben und wissen nicht weiter.

Wir werden nicht alle Fragen beantworten, alle Entwicklungen aufhalten können. Natürlich können und müssen wir es versuchen – aber wir haben es letztlich nicht selbst in der Hand.

Nachrichten lassen sich verdrängen, persönliche Brüche im Leben nicht. Oft muss man hilflos mit ansehen, wie das Leben ganz anders verlaufen kann, als man es sich erhofft hat.

Berg und Tal. Das eine geht zu Ende, etwas Neues beginnt. Erst im Rückblick erkennt man manche Zusammenhänge. Und wie kostbar sind die besonderen, die schönen Momente, in denen man am liebsten die Zeit festhalten möchte! Im Oktober 1991 habe ich meinen Mann kennengelernt, 1997 haben wir geheiratet, eineinhalb Jahre später wurde unsere Tochter geboren, noch mal eineinhalb Jahre später unser Sohn. Ich hatte mir immer Kinder, eine Familie gewünscht, und als es so weit war, habe ich mich schlicht gefreut und war dankbar. Wie für jede Mutter, so waren natürlich die Geburten meiner Kinder auch für mich Höhepunkte – dass alles gut ging und beide Kinder gesund zur Welt kamen, ist nicht selbstverständlich. Das zeigen die Schicksale vieler Frauen, vieler Paare. So bin ich mir meines Glücks sehr bewusst.

Die Familie ist mein „Heimathafen“ – Basis von allem. Und zugleich kann ich mir kaum vorstellen, ohne meine Arbeit zu leben. Im Grunde habe ich immer gearbeitet. Berufstätig zu sein, ist für mich eine Selbstverständlichkeit. Das große Thema „Vereinbarkeit von Beruf und Familie“ ist und bleibt eine Herausforderung, ist quasi die Wegstrecke zwischen „Berg und Tal“. Mein Beruf ist für mich mehr als ein „Job“, fast so etwas wie eine Berufung, der ich gerne und mit Begeisterung nachgehe.

Die Lebensmitte, eigentlich das ganze Leben, ist für jedermann und jede Frau mit einem hohen Maß an Verpflichtungen und Herausforderungen verbunden, wenn man sich ihnen stellen kann und will. Auch wenn wir uns noch so sehr anstrengen, ist nicht alles zu schaffen. Die Anforderungen werden, so scheint es manchmal, eher größer als kleiner. Vieles ist im Fluss.

Mitten im Trubel des Alltags, der durch meinen Beruf und meine Familie unweigerlich entsteht, versuche ich, den Überblick zu behalten und mich immer wieder neu zu orientieren. Wo stehe ich gerade? Wo will ich hin? Was ist mir wichtig und was nicht?

Obwohl ich viele Fragen für mich, die ich mich mittlerweile bereits in der Lebensmitte befinde, eigentlich beantwortet habe, fällt es mir oft nicht leicht, in bestimmten Situationen die richtigen Entscheidungen zu treffen – das eine oder andere Mal schlicht „Nein“ zu sagen. Zeit ist kostbar. Es braucht Gelassenheit und Ruhe, um die besonderen Momente des Lebens wahrnehmen und genießen zu können. Und mir ist bewusst, dass sich, wenn ich von einem Berg Ausschau halte, die Täler meinem Blick nicht entziehen – sie gehören dazu.

Rainer Wälde

Sackgassen: Ich akzeptiere meine Grenzen

Im vorletzten Kapitel schrieb ich über die Lebenswege, die ein Mensch geht und von Baumstämmen, die ihm manchmal den Weg versperren. Wenn ich nun von Sackgassen und Mauern spreche, dann klingt das zwar vom Thema her ganz ähnlich – ich meine damit aber etwas grundsätzlich anderes: Ein Baumstamm auf einem Weg kann einen dazu bewegen, einen ganz anderen Weg einzuschlagen, muss es aber nicht. Einen Baumstamm kann man auch wegräumen und danach seinen Weg fortsetzen. Mit Sackgassen und Mauern ist es ein bisschen anders. Sie versperren uns nicht von einer Sekunde auf die andere unseren Weg – so wie ein Baum, der über Nacht auf unseren Weg fallen kann –, sondern sie sind viel länger da und auch viel solider. Eine Sackgasse oder eine Mauer kann zum Beispiel ein Traumjob sein, den man unbedingt haben will, aber nicht bekommt. Oder Begabungen und Fähigkeiten, die man zwar sehr gerne hätte, aber nun mal nicht hat, und wenn man sich noch so sehr auf den Kopf stellt.

Einer meiner Neffen ist zum Beispiel jemand, der es sich schon als 14-Jähriger in den Kopf gesetzt hatte, zur GSG 9 zu gehen, der Antiterroreinheit der Bundespolizei. Er war vollkommen besessen von diesem Thema. Zu Weihnachten wünschte er sich Bücher über Sondereinsatzkommandos. Er redete nur noch über die harten Männer dieser Kampftruppe. Männer, die sich vor nichts fürchten. Echte Helden – in den

Augen eines Pubertierenden. Er sah sich dort, mitten unter ihnen, eine Heldentat nach der anderen vollbringend. Je älter er wurde, desto besser informierte sich mein Neffe. Irgendwann realisierte er, dass er sich sportlich betätigen muss, um überhaupt eine Chance zu haben, die Aufnahmeprüfung zu bestehen. Er fing an zu joggen, legte den Weg nach Freiburg (immerhin 22 Kilometer) täglich laufend zurück – eine beachtliche Leistung, wie ich finde. Aber alles Trainieren half nichts. Er merkte, dass die Aufnahmeprüfung für eine Ausbildung bei der GSG 9 eine Nummer zu groß für ihn war, sowohl von den physischen als auch von den psychischen Anforderungen her.

Also, so beschloss mein Neffe, würde er sich eben für den Polizeidienst bewerben. Die sportlichen Tests bestand er ohne Probleme – schließlich war er in guter Form –, allerdings fiel er beim Rechtschreibtest durch. Er war einige Tage am Boden zerstört, verpflichtete sich dann aber bei der Bundeswehr als Berufssoldat. Er startete mit großem Elan in seinen neuen Lebensabschnitt. Auch wenn dies nicht hundertprozentig sein Traum war, kam seine neue Karriere diesem Traum doch ziemlich nahe. Allerdings nur für einige Monate. Dann holte ihn auch dort die Realität ein: Die viel gepriesene Kameradschaft unter den Soldaten entpuppte sich als ein endloses Saufgelage, und der Umgang der Soldaten untereinander war ganz und gar nicht das, was sich mein Neffe vorgestellt hatte. Der raue Ton und die Ellbogenmentalität passten nicht zu seinem persönlichen Wertesystem. Er verließ die Bundeswehr. Mittlerweile jobbt er in einem Krankenhaus und weiß auf die Frage, welchen Beruf er denn nun ergreifen will, keine Antwort.

Was meinem Neffen da widerfuhr, kenne ich aus eigener Erfahrung nur zu gut – dieses Gefühl, etwas so sehr zu wollen, dass für die Erkenntnis, es schlicht und einfach nicht zu können, kein Platz mehr ist. Holt man sich an dieser Mauer der fehlenden Kompetenz oder der fehlenden Möglichkeiten dann eine blaue Nase, tut das sehr weh. Aber es hilft alles nichts: Mit dem Kopf durch die Wand zu wollen, war noch nie erfolgversprechend.

Schritt 4 auf dem Weg zu Ihrem Lebenstraum:
Tragen Sie in Ihre Lebenslandkarte die Sackgassen und Mauern ein, an denen Sie in Ihrem Leben schon gescheitert sind. Platzieren Sie sie einfach in die Nähe der Orte, an denen Sie zu diesem Zeitpunkt gelebt haben.

Wenn Sie nun herausfinden wollen, wie Sie aus den Sackgassen wieder herausfinden oder wie Sie vielleicht Mauern einreißen können, schauen Sie sich die Wege auf Ihrer Lebenslandkarte noch einmal genau an, und vor allem die Höhen und Tiefen. Wenn Sie sich gedanklich auf die Höhen Ihres Lebens begeben, an denen Sie einen guten Überblick haben – was sehen Sie da? Wo könnte es für Sie weitergehen? Wo können Sie anknüpfen? Was könnte Ihr Plan B sein? Und die wichtigste Frage überhaupt: Welche Chance steckt in einer Sackgasse oder in der Mauer, an der Sie sich immer eine blutige Nase holen?

Der Blick von außen

Wenn ich den Eindruck habe, mich in einer Sackgasse meines Lebens verirrt zu haben und alleine keinen Ausweg mehr zu finden, hole ich mir Hilfe bei anderen Menschen: bei Freunden, Beratern, Coaches oder meiner Frau. Der Blick von außen hilft mir meistens auf die Sprünge und ich kann den Tunnelblick wieder erweitern. Das geht aber nur, wenn ich bereit bin, etwas nicht nur vor mir selbst, sondern auch vor anderen einzugestehen: dass ich gescheitert bin. Dass ich es nicht geschafft habe, alleine aus dieser Sackgasse wieder herauszufinden.

Vor einigen Wochen traf ich mich mit einem Mann, der genau das getan hat: Mich um Rat bitten, weil er das Gefühl hatte, in seinem Leben weder vorwärts- noch rückwärts zu können. Wir saßen uns in einem gemütlichen Altstadtlokal in Limburg gegenüber und er erzählte mir von seiner ausweglosen Situation: Seine Frau hatte ihn und ihre vier Kinder verlassen – von heute auf morgen. Sie war einfach gegangen. Das sagte er zumindest am Anfang unseres Gesprächs. Nach und nach stellte sich dann jedoch heraus, dass er und seine Frau schon lange Probleme in ihrer Ehe gehabt hatten. Seine Frau war wohl mit ihrem Leben als Hausfrau und Mutter nicht mehr zufrieden gewesen, sie wollte etwas ändern, wollte raus, wollte wieder arbeiten, ein anderes Leben führen. Mein Gesprächspartner hatte sich jedoch nicht in der Lage gesehen, irgendetwas an ihrem gemeinsamen Leben zu ändern. Er hatte nicht gewusst, was und wie. Er hatte wie vor einer Mauer gestanden, die er nicht bezwingen konnte. Irgendwann war seine Frau endgültig gegangen und führte nun das Leben, das sie wollte – allein, ohne ihren Mann und die Kinder. Er hatte es nicht fassen können. Auch wenn er mittlerweile geschieden war und das Ganze schon einige Zeit zurücklag, merkte ich in unserem Gespräch genau, wie sehr er immer noch getroffen war und unter dieser Trennung litt. Aber er litt auch noch in ganz anderer Hinsicht: Sich auf eine neue Partnerin wirklich einzulassen, wollte ihm ebenfalls nicht gelingen. Er ging zwar immer wieder kurzfristige Beziehungen ein, aber sobald es irgendwie ernst wurde, zog er sich zurück. Auch hier befand er sich in einer Sackgasse.

Für mich, der ich von außen auf diese Situation schaute, lag die Sache relativ schnell auf der Hand: Mein Gesprächspartner hatte sich noch längst nicht mit seiner Ex-Frau und der Tatsache, dass sie sich von ihm getrennt hatte, ausgesöhnt. Der Kontakt zu ihr lief nur über die Kinder, die beiden konnten weder miteinander sprechen, noch sich persönlich begegnen. Da musste er dringend etwas tun, am besten mit professioneller Unterstützung. Sobald er das getan haben würde, würde sich auch die zweite Sackgasse, in der er sich immer wieder verlor, in Luft auflösen. Da war ich mir ganz sicher. Erst wenn er die Trennung von seiner Frau bewältigt haben würde, würde es ihm auch gelingen, sich auf eine neue Beziehung einzulassen. Er musste lernen, sich wieder verletzlich zu machen, sich zu öffnen und wieder zu vertrauen. Kein leichter Weg. Aber der einzig gangbare.

Manchmal ist der Weg aus einer Sackgasse heraus auch denkbar einfach. So einfach, dass er einem auf den ersten Blick zu banal erscheint, als dass man ihn ernst nehmen könnte. Kennen Sie die Geschichte von Naaman, dem Syrer? Naaman war ein Hauptmann unter König Ben Hadad. Von ihm wird im Alten Testament im Buch der Könige erzählt. Naaman hatte Lepra. Die jüdische Sklavin seiner Frau berichtete ihm von einem Propheten in ihrer Heimat, der Naaman heilen könne, also reiste Naaman dorthin. Beim Propheten Elischa angekommen hörte Naaman, dass er sich siebenmal im Jordan waschen solle, dann sei er geheilt. Naaman, der aufwendige Prozeduren erwartet hatte und nicht glauben konnte, dass seine Krankheit so einfach geheilt werden könnte, rüstete sich unverrichteter Dinge wieder zur Heimreise. Seine Knechte redeten ihm allerdings so lange zu, bis er dann doch siebenmal im Jordan untertauchte. Sein Aussatz verschwand, er war geheilt – und bekehrte sich zum Gott des Propheten Elischa.

Naaman war in der Sackgasse seines Stolzes gefangen. Er war nicht von äußeren Ereignissen blockiert, sondern allein durch sein Denken. So eine einfache Lösung für sein großes Problem, das konnte doch gar nicht sein! Erst als ihm aber andere Menschen ermöglichten, seinen Tunnelblick aufzugeben und der Sackgasse, in der er sich befand, einfach den Rücken zu kehren und etwas anderes auszuprobieren, bekam er das, was er sich so lange ersehnt hatte: Heilung und Gesundheit.

Feiern Sie Ihre Grenzen!

Mauern und Sackgassen setzen unserem Lebensweg Grenzen. Das ist oftmals schmerzlich, muss es aber nicht sein. Wir können sie auch als natürliche Grenzen akzeptieren, als Botschaft Gottes, der uns sagt: Hier geht es nicht weiter, nimm einen anderen Weg. Dazu fällt mir die Geschichte von zwei Freunden ein. Ich kenne die beiden schon lange, sie sind Geschäftspartner von mir. Die beiden wiederum kennen sich noch viel länger, denn sie spielten schon im Sandkasten miteinander. Beruflich schlugen sie eine ähnliche Richtung ein, und vor 15 Jahren machten sie sich gemeinsam mit einer Werbeagentur selbstständig. Damit sind sie extrem erfolgreich. Die beiden haben ganz unterschiedliche Naturelle: Der eine ist kommunikativ sehr kompetent, künstlerisch veranlagt, empathisch, er kann außergewöhnlich gut mit den Agenturkunden kommunizieren, sucht und findet immer die besten Lösungen für sie. Sein Freund und Geschäftspartner ist dagegen ein zielorientierter, dominanter Pionier, der gerne riesengroße Herausforderungen anpackt. Zusammen sind sie ein geniales Gespann – beide gehen nach vorne, der eine mit Herz und Empathie, der andere mit dem Kopf und klaren Zielvorgaben, der eine ist für den kreativen Workflow, für die Beziehungen zu Kunden und Mitarbeitern zuständig, der andere für schwierige Entscheidungen wie zum Beispiel Personalentlassungen.

Vor nicht allzu langer Zeit entschied sich der dominante Partner von heute auf morgen dafür, aus dem gemeinsamen

Unternehmen auszusteigen. Er war noch einmal Vater geworden, die Prioritäten in seinem Leben hatten sich verschoben. Sein Partner wollte das Unternehmen zunächst alleine weiterführen, überlegte es sich dann aber anders. Denn er hatte gemerkt, dass dies sein eigenes Maß überstiegen und nicht seiner Berufung entsprochen hätte. Schließlich konnte er mit seinen Fähigkeiten nur einen Teil dessen abdecken, was für die Führung eines so komplexen und großen Unternehmens nötig gewesen wäre. So kommt es, dass nun beide ihre Firmenanteile verkaufen. Ich halte diese Entscheidung für sehr weise. Sie ist gesund und zeigt mir, dass beide Partner achtsam mit sich umgehen und ihre eigenen Grenzen respektieren – mehr noch: Sie feiern diese Grenzen! Sie sind selbstbewusst. Ich möchte nicht wissen, wie viele Menschen gerade an der Stelle des kommunikativen, kreativen Inhabers in die Falle gelaufen wären, das Unternehmen alleine zu übernehmen – schließlich ist es ein beachtlicher Zuwachs an Macht, Einfluss und Prestige, den er als alleiniger Inhaber eines florierenden Unternehmens hätte verbuchen können. Doch er hätte sich mit großer Sicherheit anschließend in Ansprüchen und Erwartungen verstrickt und wäre schließlich gescheitert. Und so hat er diese Mauer, die sich da auf einmal vor ihm auftürmte als das akzeptiert, was sie ist: eine natürliche Grenze, die seinem Weg Einhalt gebot. Er ist der Held seiner eigenen Geschichte geblieben und hat sich nicht in Abhängigkeiten verstrickt.

Wenn Menschen in solche Fallen tappen, wie ich sie eben geschildert habe, wenn sie sich verstricken, begeben sie sich unter ein Joch. Sie unterschreiben Vereinbarungen, Verträge und müssen dann den Karren ziehen, vor den sie sich spannen ließen. Das kann auch ganz andere Formen annehmen als bei den beiden Agenturinhabern. Ich bekomme zum Beispiel oft Angebote von sogenannten Strukturvertrieben. Auf den ersten Blick hört sich das ganz toll an, was einem da versprochen wird: ein sicheres Einkommen von mehreren Tausend Euro im Monat, ohne viel dafür tun zu müssen. Aber dass man ohne Arbeit und von ganz allein zu Wohlstand kommt – das kann nicht funktionieren. Deshalb lehne ich solche Angebote grundsätzlich ab, selbst wenn – so wie neulich geschehen – ein bekannter Arzt hartnäckig versucht, mich zum Mitmachen zu bewegen.

Ganz zu Beginn unserer unternehmerischen Tätigkeit hatten Bettina und ich die Idee, unser Konzept der Farb- und Typ-Beratung auch als Franchise-System aufzubauen. Schon nach kurzer Zeit schafften wir dieses Lizenz-System aber wieder ab, denn wir merkten, dass es Menschen abhängig macht – abhängig von dem, was wir tun und vorgeben. Und das wollten wir nicht. Einer unserer wichtigsten Werte ist die Freiheit – unsere eigene Freiheit und auch die der anderen. Aus Abhängigkeiten sollte man aussteigen.

Mauern schützen uns

Wir als Christen sind zur Freiheit berufen und dazu, in Freiheit zu leben. Das heißt nicht, dass wir vogelfrei sind oder keinerlei Verbindlichkeiten eingehen. Nur die ungesunden Abhängigkeiten und die Verstrickungen – die sollten wir abstreifen. Das müssen nicht unbedingt Firmenübernahmen oder Geschäftsmodelle sein. Auch Beziehungen können den Charakter von ungesunden Abhängigkeiten und Verstrickungen haben. Ein einziges Mal in meinem Leben habe ich mich ganz bewusst von einem Freund getrennt. Er war mir ein sehr wertvoller Freund mit einer großen therapeutischen Begabung. Immer wenn wir uns trafen, hatte zumindest ein Teil unserer Gespräche einen therapeutischen Charakter. Das war eine Zeit lang sehr hilfreich – gerade am Anfang unserer Ehe, als Ilona und ich noch viel Energie und Zeit investierten, um uns zusammenzuraufen.

Von diesem Freund Feedback zu bekommen, war produktiv und entspannend. Doch irgendwann, zunächst ganz unmerklich, kippte das. Und zwar dort, wo er uns völlig ungefragt Ratschläge gab. Er war dann nicht mehr mit uns auf einer Augenhöhe, sondern ging ganz in seiner Therapeutenrolle auf. Wenn wir zusammen waren, fragte er uns richtiggehend ab und wollte detailliert wissen, was seit unserer letzten „Sitzung" geschehen war und was sich verändert hatte. Rückfragen von uns nach seinen eigenen Erfahrungen innerhalb seiner Ehe und in seinem Leben schmetterte er dagegen ab. Er ließ sich nicht mehr in die Karten schauen. Irgendwann war es mir schlicht und einfach zu bunt und ich brach die Beziehung ab. Ich baute eine Mauer um mich herum, eine Kommunikationssperre, um mich zu befreien und zu schützen. Denn auch dazu sind Mauern da. Sie sind nicht nur etwas, das sich uns in den Weg stellt. Sie schützen und bewahren uns auch. Das zu tun, fiel mir allerdings nicht leicht – denn ich bin ein harmoniebedürftiger Mensch, der beständig Frieden stiften möchte und in allen Menschen das Gute sucht. Aber in diesem Fall war ich mit mir und Gott im Reinen. Ich fühlte mich bei diesem Freund nicht mehr aufgehoben und angenommen, sondern benutzt für irgendetwas, was ich noch nicht einmal wirklich verstand. Ich hielt mich anschließend bewusst an das, was in Matthäus 10, 10–15 steht: „Wenn ihr irgendwo nicht willkommen seid, dann schüttelt den Staub von euren Schuhen und geht weiter." Übrigens: Heute ist die Beziehung zu diesem Freund wieder gut. Wir hatten uns zu einer Aussprache getroffen, in der ich ihm auf den Kopf zusagte, wie sehr mich damals seine Grenzverletzungen getroffen haben. Es ist uns gelungen, diese Konflikte aufzuarbeiten, und unsere Freundschaft bedeutet mir sehr viel.

Eines der eindrucksvollsten Beispiele für eine gottgewollte Mauer, die sich auf einmal auf dem geplanten Lebensweg vor einem erhebt, findet sich in der Geschichte von König David. Diese biblische Figur hat mich schon als Kind fasziniert. Nicht nur weil David erst einmal von seinem Vater übersehen wurde, als es darum ging, den neuen König zu salben – so klein und jung war er, dass er gar nicht infrage zu kommen schien –, und dann trotzdem König wurde. Nein, er schaffte noch viel mehr.

Er machte alles richtig. Er hatte die Gunst und Zuneigung der Menschen. Er sah gut aus. Er handelte immer nach seinem Maß. Er wirtschaftete unglaublich gut, führte viele Kriege, vergrößerte das Land, bekämpfte Ungläubige und schaffte am Ende Frieden. Doch damit nicht genug: Aus einem maroden Staat machte er ein blühendes Königreich. Seine zentrale Stärke war dabei seine schier unglaubliche Gottesfurcht.

Aus dieser Gottesfurcht heraus gelang es ihm auch, die Mauer zu akzeptieren, die Gott ihm in den Weg stellte – und das, obwohl er sich gerade anschickte, Gott ein prächtiges Haus zu bauen: einen Tempel in Jerusalem, der an Pracht alles bisher Dagewesene übertreffen sollte. Er hatte bereits Baumaterial gesammelt, Lieferverträge für Gold und Zedernholz geschlossen, als Gott ihm verbot, den Tempel tatsächlich zu bauen. Das war die Strafe dafür, dass David Ehebruch begangen hatte und seinen Rivalen ermorden ließ. David akzeptierte diese Mauer, diese Sackgasse, in die Gott ihn damit schickte. Den Tempel baute dann später sein Sohn Salomon, der einer der mächtigsten Könige in der Geschichte der Menschheit werden und zu dessen Tempel viele, viele Menschen pilgern sollten – zu seinen Nachfolgebauten und der von ihnen erhalten gebliebenen Klagemauer sogar bis zum heutigen Tag. Kann es einen besseren Beleg dafür geben, dass hinter den Mauern und Sackgassen auf unserer Lebenslandkarte immer ein göttlicher Fingerzeig steckt? Ich kenne keinen.

Gundula Gause

Meine Grenzen akzeptieren

Was ist wesentlich? Worauf kommt es an? Wo sind Grenzen des Machbaren und Sinnvollen, was ist zu wenig, was ist zu viel? In vielen Bereichen meines Lebens beschäftigen mich diese Fragen. Und ich weiß: Es braucht klare Prioritätensetzung, eindeutige Entscheidungen und konsequentes Zeitmanagement.

Eingebunden in Dienstpläne, Familie und vielfältige Verpflichtungen pendle ich praktisch zwischen unserer Wohnung und dem ZDF auf dem Mainzer Lerchenberg. Die Grenzen zwischen Beruflichem und Privatem sind nicht einfach zu ziehen. Es amüsiert mich immer, wenn ich gefragt werde, wann ich anfange zu arbeiten. Wer wie ich im Nachrichtenjournalismus arbeitet, ist fast ständig dabei, aktuelle Meldungen und Entwicklungen zu verfolgen, Zeitungen und online-Medien zu lesen sowie selektiv Radio zu hören. Und natürlich will ich, wenn ich mittags in die Redaktion gehe, wissen, was die Kollegen vom morgenmagazin gesendet haben, um mich in den Fluss der Berichterstattung zu integrieren.

Was schreiben die wichtigsten Zeitungen und Magazine, welcher Sachverhalt wird wie kommentiert? Was ist Fakt, was Deutung? Welche Entwicklung gilt es im Blick zu behalten? Einige Themen sind äußerst vielschichtig und manche erste Einschätzung erweist sich am Ende als nicht zutreffend. Die Welt wird immer komplexer, was sich am Beispiel der Krise vereinfacht so darstellen lässt: Zunächst begann das Megathema mit einer Immobilienkrise in den USA, die dann zu einer weltweiten Finanzkrise mutierte, die wiederum ihren Niederschlag in einer Wirtschaftskrise fand. Heute haben wir es mit einer Verschuldungs-, Banken-, Euro- und Staatenkrise, wenn nicht mit einer Parteien-, Demokratie- und Wertekrise zu tun. Wer da behauptet, alle Facetten zu verstehen, muss ein Genie sein, reichen doch die Wissensgebiete von Wirtschafts-, über Politik- und Finanzwissenschaften bis hin zu Jura oder Philosophie und Ethik.

Auch wenn ich nur jede zweite Woche auf Sendung bin, ist doch jeder Tag damit gefüllt, am Ball zu bleiben. Im Internet verfolge ich aktuelle Entwicklungen, darüber hinaus sehe ich auf meinem Handy die Eilmeldungen der Nachrichtenagenturen. Die Arbeit an den Beiträgen, die abends im heute journal gesendet werden, beginnt schon lange vor der Sendung. Die Kollegen und Autoren in der Redaktion sowie die ZDF-Korrespondenten recherchieren über Monate, bis zu dem Zeitpunkt, an dem ein Ereignis die Berichterstattung notwendig macht. Da werden Informationen gesammelt, Kontakte gesucht, Einschätzungen, sogenannte O-Töne von Experten eingeholt, Szenerien gedreht, Grafiken erstellt und Texte geschrieben. Mein Job ist es, aus der Vielzahl der Meldungen jenseits der Großereignisse auszuwählen, was mit welcher Prioritätensetzung zur Nachricht wird, was wir wie bebildern und erklären können. Es ist immer wieder eine Herausforderung, komplexe Sachverhalte auf eine leicht verständliche Ebene herunterzubrechen und fernsehgerecht aufzubereiten. In täglichen

Redaktionskonferenzen verdichtet sich, was letztlich in welcher Form gesendet wird. Das Präsentieren der Nachrichten am Ende des Tages ist dann praktisch die Ernte der Redaktionsarbeit vieler Kollegen.

Die Frage, was wir dem Zuschauer zumuten wollen, spielt für die Redaktion, insbesondere mit Blick auf oftmals schockierende Bilder, eine große Rolle. Nicht jedes Bild, das wir über unsere Korrespondenten oder die European Broadcasting Union, EBU, die weltgrößte Vereinigung von Sendeanstalten, der wir angehören und über die wir Filmmaterial aus aller Welt beziehen, erhalten, wird auch gesendet. Ich denke zum Beispiel an die Aufnahmen des sterbenden lybischen Diktators Muammar al-Gaddafi. Wir setzen uns im ZDF immer wieder bewusst selbst Grenzen. Und auch ich weiß ganz persönlich, wo für mich Linien sind, die ich nicht überschreiten möchte. Moralisch, ethisch – gewissermaßen auch in Bezug auf meinen christlichen Glauben. Dass ich dabei mit meiner Einschätzung nicht immer richtig liege, versteht sich von selbst. Es kommt darauf an, sich im Team bewusst mit Kernfragen auseinanderzusetzen.

Meinungsvielfalt und journalistische Freiheit sind Grundpfeiler unserer Demokratie. Für mich verbindet sich mit meinem Beruf ein großes Maß an Verantwortung – aber auch an Erfüllung. Nachrichtenmoderatoren und Journalisten sind an vielen Themen nah dran, ohne in den vielfältigen Themenbereichen Experten sein zu können. Damit stoßen wir natürlich auch immer wieder an Grenzen. Nichtsdestotrotz sind tiefgründige Recherchen sowie Überprüfung und Einordnen von

Informationen Basis auch meiner täglichen Redaktionsarbeit. Wenn die Nachricht über den Sender geht, stehe ich schließlich für das, was ich recherchiert, formuliert, geprüft und mit den Kollegen diskutiert habe.

Manche Themen lassen sich allerdings in ihrer Differenziertheit oder Subtilität nur schwer fernsehgerecht bearbeiten. Politische Entscheidungen werden ungerne vor laufenden Kameras, sondern vielmehr hinter verschlossenen Türen gefällt und vertrauliche Verhandlungen, beispielsweise über Personalia, werden nicht in der Öffentlichkeit, sondern in den Kreisen der Betroffenen geführt. Insofern ist es häufig nicht ganz einfach, an Informationen zu kommen. Außerdem hat das Medium Fernsehen im Gegensatz zur schreibenden Zunft die Herausforderung, abstrakte Sachverhalte bildlich darzustellen. In Zeitungsberichten lassen sich komplexe Entwicklungen gut schriftlich darstellen, in Kommentaren kann abstrahiert oder auch spekuliert werden. Und auch der Einsatz von Ironie funktioniert hier besser als im Fernsehen. Die Zuschauer fordern gerade in der sich gegenwärtig stark verändernden Medienwelt klare Informationen, Meinungen sollten in Nachrichtensendungen als „Kommentar" gekennzeichnet werden.

In der immer schneller werdenden, digitalen Welt erfordert hintergründige und tiefsinnige Berichterstattung aber auch die Bereitschaft der Leser, Zuschauer und Zuhörer, oder „user" (Nutzer digitaler Medienangebote über mobile Geräte und Computer), sich auf Details und komplizierte Zusammenhänge einzulassen. Durch die Veränderungen, die die virtuelle Medienwelt mit sich bringt, verwischen Grenzen. Viele Nutzer kommunizieren und publizieren sogar über virtuelle Plattformen und bringen so ihre eigenen Kompetenzen ein. In diesem Meer an Informationen verlässliche und nachprüfbare Fakten mit einem Wertegerüst, das unserem demokratischen Grundauftrag entspricht, objektiv anzubieten, ist auch Aufgabe eines öffentlich-rechtlichen Systems. Aus verschiedenen Gründen sind aber in Nachrichtensendungen nicht alle Themen, die es eigentlich wert gewesen wären, realisierbar. Dabei spielen auch knappe Sendezeiten oder enge Budgets eine nicht zu unterschätzende Rolle. Was wir auch wählen, etwas anderes muss zurücktreten. In der Beurteilung der Relevanz fällen wir sozusagen Mehrheitsentscheidungen und fragen uns dabei aber immer wieder, ob wir die richtigen Maßstäbe setzen.

Bei alledem muss mit in Betracht gezogen werden, dass es trotz einer Vielzahl moderner Möglichkeiten auch reale Grenzen in der Berichterstattung gibt. Manche Länder verhängen Nachrichtensperren, üben Zensur aus. Vielerorts wird versucht, die Berichterstattung zu kontrollieren oder zu beeinflussen. Gerade über das Internet oder mobile Telefone werden Nachrichteninhalte transportiert, die häufig schwer einzuordnen sind. Deshalb ist es unerlässlich, dass wir alle Internetvideos auf Authentizität und Herkunft prüfen, um unsere Berichterstattung so neutral wie möglich zu halten. Und auch wenn es um militärische Konflikte oder Naturkatastrophen geht, kann oft nur bedingt über die Situation an Ort und Stelle berichtet werden, selbst dann, wenn Korrespondenten,

Fotografen und Kameraleute unter Lebensgefahr arbeiten. Manche Krisenregionen sind von der Außenwelt tagelang fast vollständig abgeschnitten. Und in einigen Fällen verändert sich die Lage so rasend schnell, dass eine Meldung darüber bereits veraltet ist, bevor sie gesendet werden kann.

Es gibt viele drängende Fragen unserer Zeit. Viele Themen müssten noch viel stärker in den Blick der Öffentlichkeit rücken, damit wir begreifen, dass und wie wir handeln müssten, damit die Welt nicht noch weiter aus den Fugen gerät. Vieles müsste gründlicher analysiert und durchdacht werden, damit wir die Vorgänge besser begreifen können. Gerade in der Bankenkrise hat es sich gezeigt, wie wenig wir vorher wahrgenommen haben – und wie selten auf die gehört wurde, die wussten, wie hoch bestimmte Risiken waren. Die Komplexität vieler Entwicklungen und Sachverhalte nimmt derart zu, dass oftmals selbst ausgewiesene Fachleute im Laufe der Zeit ihre Meinung zum gleichen Thema mehrfach revidieren müssen. Diejenigen, die wissen, worum es wirklich geht, können oder wollen sich aus verschiedenen Gründen manchmal nicht öffentlich äußern. Deshalb ist gerade hier journalistische Recherche und Meinungsbildung gefragt. Es darf nicht bei der nüchternen Beschreibung der Katastrophe bleiben.

Meine journalistische Arbeit ist für mich mehr als ein Job. Ich weiß, dass ich am richtigen Platz bin. Das heute journal ist eine Sendung, hinter der ich voll und ganz stehe. Dennoch sehne ich mich manchmal natürlich auch nach mehr Freiheiten, danach, meine Zeit anders einteilen zu können. Der berufliche Alltag bestimmt momentan für mich oftmals den

Takt des Lebens. An den Tagen, an denen ich auf Sendung bin, verlasse ich mittags das Haus und komme erst spätabends zurück. Auch an anderen Tagen, die als frei im Terminkalender stehen, gibt es zahlreiche Verpflichtungen in Familie und ehrenamtlichen Aktivitäten.

Letztlich kämpfe ich deshalb um jeden einzelnen freien Abend. Denn ich merke, dass ich die Zeit für meine Kinder und unsere Familie wirklich brauche. Es ist wichtig, für sie da zu sein. Diese Stunden, die wir miteinander verbringen, in denen wir zusammensitzen, uns unterhalten, spielen, Musik machen, für die Schule lernen oder manchmal auch gemeinsam Fernsehen schauen, sind mir sehr wichtig. Ich verstehe die Frauen, die wegen ihrer Kinder zu Hause bleiben, sehr gut. Nahezu jede Woche ringe ich darum, die richtige Balance zwischen allen Aktivitäten zu finden. Manchmal läuft auch etwas verkehrt und ich setze falsche Prioritäten. Dann bemerke ich plötzlich, dass es doch einfach zu viel war, für die Familie, für mich und mein Umfeld. Im Grunde sind solche Erfahrungen aber auch immer wieder gut, denn nur so kapiert man, dass man öfter Nein sagen und auf die Bremse treten sollte. Denn nicht zuletzt würde ich auch für mich selbst gerne mehr Freiräume haben.

Manchmal denke ich natürlich auch darüber nach, beruflich etwas ganz anderes zu machen. Mittlerweile bin ich nun seit 19 Jahren auf der gleichen Spur unterwegs. Zwar gab es im Laufe der Zeit immer mal wieder die Möglichkeit für eine Veränderung, aber ich mache meine Arbeit in der Redaktion einfach sehr gerne. Selbstverständlich fragt man sich alle paar Jahre, ob man noch an der richtigen Stelle ist, ob man sich nicht doch einmal verändern sollte – welche Wege einem vielleicht offenstehen könnten. Aber es war einfach nie der richtige Zeitpunkt für eine Entscheidung, zumal ich in dieser Tätigkeit – so spießig es klingen mag – Erfüllung finde und viel Bestätigung erhalte.

Durch die Geburt meiner Kinder veränderte sich dann später doch einiges. Neue Aufgaben und Herausforderungen kamen auf mich zu. Es stellte sich die Frage, wie ich meine Familie und den Beruf miteinander in Einklang bringen konnte. Wie sollte ich den Tag gestalten, um allen Aufgaben gerecht zu werden? Zunächst ging es wirklich schlicht darum, alles zu schaffen. Als sich dann hin und wieder die Frage nach neuen beruflichen Horizonten stellte, habe ich mich immer bewusst neu dafür entschieden, mit einer gewissen Priorität zuerst für meine Kinder und für die Familie da zu sein. Heute ist es so, dass wir Rücksicht aufeinander nehmen. Die Familie akzeptiert meine viele Arbeiterei, weil sie erkennt, dass ich permanent prüfe, was wichtig ist – und oft auch den Spielball im Feld der Kinder landen lasse. Und wenn ich damit dann meine Absagen begründe, stoße ich glücklicherweise vielfach auf Verständnis.

Immer wieder reden wir darüber, dass zu wenige Frauen Führungspositionen innehaben. Mir ist ziemlich klar, warum dies so ist. Wer Familie, wer Kinder hat, muss sich einfach entscheiden, welchen Weg er gehen will. Ein Banker, Vater von drei Kindern, dessen Frau selbstverständlich voll berufstätig war, stellte mir in einem Gespräch zu diesem Thema folgende Frage: „Wann sind früher Kinder überhaupt von den eigenen Eltern erzogen worden?" Sicherlich war und ist es in bestimmten Kreisen durchaus üblich, dass Kindermädchen und Hauslehrer, später auch Internate die Kinder erziehen. Für mich wäre das nur schwer vorstellbar. Familientiere – wie mein Mann und ich es sind – ziehen an einem Strang und bemühen sich, Familie und berufliche Aktivitäten miteinander in Einklang zu bringen. Dabei ist es mir wichtig, dass es in meinem Leben und dem Leben meiner Familie eine größtmögliche Kontinuität gibt – meinen beruflichen Werdegang eingeschlossen. Denn wegen meiner beruflichen und sonstigen Ambitionen sollen sich meine Kinder und mein Mann nicht noch stärker einschränken müssen, als sie es ohnehin bereits tun.

Dabei empfinde ich die selbst gewählte Beschränkung nicht als Last oder als Begrenzung. Der vermeintliche Verzicht hat auch etwas ungemein Positives. Es kommt im Leben nicht darauf an, dass man das Maximale erreicht, sondern darauf, dass man mit dem, was man erreicht hat, auch versucht, zufrieden zu sein. Dankbarkeit – das ist ein Schlüsselwort. Und Kontinuität. Die braucht die Seele. Um meinen verschiedenen Rollen überhaupt gerecht werden zu können, muss ich sorgfältig, präzise und zielorientiert vorgehen. Dinge auf den Punkt zu bringen, Sachverhalte zu verdichten, das habe ich viele Jahre beruflich trainiert. Das hilft mir auch im Alltag, wenn es gilt, Wesentliches von Unwesentlichem zu unterscheiden.

Ziemlich häufig werde ich gebeten, eine Schirmherrschaft für ein Projekt zu übernehmen oder eine Veranstaltung zu moderieren. Oftmals sind es durchaus wichtige Projekte, die es fast alle wert wären, unterstützt zu werden. Auch wenn ich vieles gerne übernehmen würde, muss und möchte ich manches bewusst absagen. Nicht immer allerdings schaffe ich es, konsequent genug zu entscheiden und Nein zu sagen. Von Zeit zu Zeit gehe ich bewusst über Grenzen hinweg und muss dann mit den Konsequenzen leben. Auch das gehört dazu. Es ist wichtig, sich immer wieder ein Stück zurückzunehmen und zu überprüfen, was man tut: „Was mache ich da überhaupt? Wer bin ich? Bin ich überhaupt der, den die anderen in mir sehen?" Es braucht die Erdung, es braucht das Wissen um die eigenen Grenzen.

Und dabei würde ich durchaus gerne auch mal etwas Neues wagen, Grenzen bewusst durchbrechen. Reisen sind Gelegenheiten, bei denen man immer wieder Neues entdeckt, unbekannte Landstriche, andere Lebensgewohnheiten. Besonders die Reisen in Länder der sogenannten Dritten Welt haben mir viel gegeben. Die Afrika-Touren, die ich für das katholische Hilfswerk missio unternehme, sind immer ein großes Abenteuer. Natürlich habe ich im Vorfeld Bedenken, ob ich gesund zurückkomme und was von Unfällen bis Unruhen alles möglich ist. Zudem ist es eine Herausforderung, eine längere Abwesenheit zu organisieren und die Familie darauf einzustellen. Dies alles ist mir aber auch Antrieb für neue Erfahrungen und für ein Weiterstecken der eigenen Grenzen. Wer träumt einen solchen Traum nicht? Aber wäre das Erreichen der vermeintlichen Ziele nicht das Ende aller Träume?

Rainer Wälde

Weiße Flecken: Ich wage es!

Auf jeder Landkarte sind sie zu finden – weiße Flecken, auf denen keinerlei Markierungen zu sehen sind. Man kann nicht erkennen, ob es dort einen Wald oder offenes Feld gibt, weder Höhenlinien noch Straßen noch Wege sind eingezeichnet. Meist sind es militärische Sperrgebiete. Aber nicht nur auf den echten Landkarten gibt es solche Sperrgebiete und weiße Flecken, sondern auch auf den Landkarten unseres Lebens – meistens in Form von Glaubenssätzen, die wir von Eltern oder Lehrern mit auf den Weg bekommen: „Das wirst du nie lernen!", „Aus dir wird nie ein Physiker!" oder „Für so etwas bist du einfach nicht geschickt genug!" Nichts schüchtert Kinder wirkungsvoller ein und hält sie besser davon ab, sich bestimmte Bereiche zu erschließen.

Weiße Flecken können aber auch Begabungen und Fähigkeiten sein, die wir aus irgendwelchen Gründen nicht ausüben und vernachlässigen. Filme zu machen, das war lange Jahre der weiße Fleck auf meiner persönlichen Lebenslandkarte. Dabei ist das Filmemachen früher sogar mein Beruf gewesen! Ich arbeitete als Redakteur und Regisseur für das Fernsehen und beschäftigte mich tagein, tagaus mit Filmen. Nach dem Tod meiner ersten Frau Bettina rückte dieser Bereich jedoch in den Hintergrund und noch einmal mehr, als ich das zweite Mal geheiratet hatte. Ilona und ich legten unseren beruflichen Schwerpunkt zu hundert Prozent auf den Aufbau der

TYP Akademie, unseres gemeinsamen Unternehmens. Filme waren einfach kein Thema mehr für mich. Ich hatte neues Land erobert und altes zurückgelassen.

Mit den Jahren, die vergingen, wurde meine Sehnsucht nach den Filmen aber wieder größer. Ich versuchte, mir Zeit und Freiraum dafür zu nehmen, was schwierig war. Ilona spürte, dass viele meiner Energien dorthin wanderten und nicht mehr in unser gemeinsames Projekt. So kam es zu Konflikten zwischen uns – die mich viel Kraft kosteten und innerlich fast zerrissen. Denn natürlich war ich mit unserem Unternehmen nicht nur mir, sondern auch Ilona gegenüber eine Verbindlichkeit eingegangen, die ich unbedingt einhalten wollte. Auf der anderen Seite verspürte ich aber diese Sehnsucht nach meiner alten Tätigkeit. Ich wollte beides unter einen Hut bringen und wusste nicht, wie.

Die Wende kam mit dem Sabbatical, das Ilona und ich vor wenigen Jahren machten. In dieser Auszeit von unseren Jobs und unseren Verpflichtungen beschäftigte ich mich aus ganz pragmatischen Gründen mit dem Filmen: Ich wollte unsere viermonatige Schiffsreise einmal um die Welt dokumentieren. Bis zu diesem Zeitpunkt hatte ich keinerlei Erfahrung hinter der Kamera gesammelt, in meiner Zeit beim Fernsehen gab es dafür immer einen Kameramann. Ich kaufte mir also vor Reiseantritt eine gute Videokamera, ein Stativ und eine Tonausrüstung. Während unserer Reise lernte ich dann nach und nach, wie man eine Kamera bedient. Zu jedem Land, das wir anliefen, und auch unterwegs auf hoher See, drehte ich kurze filmische Portraits. Ich stellte die Kamera auf das Stativ, postierte mich davor und erzählte einfach die Geschichte, die ich loswerden wollte. Natürlich nahm ich auch die entsprechenden Bilder von Land und Leuten auf, und so tastete ich mich langsam an die Technik heran. Aufgrund meiner langjährigen Erfahrung hatte ich so etwas wie einen inneren Zensor, auf den ich mich verlassen konnte: Ich wusste einfach, was im Film gut ankam und was nicht.

Das Ergebnis meiner Anstrengung war eine 40-teilige Reportage-Serie, die mit dem World-Media-Preis ausgezeichnet wurde. Das überraschte niemanden mehr als mich selbst. Als seinerzeit die Mail vom World-Media-Festival kam, dass sie meine Podcast-Reihe als Wettbewerbsbeitrag haben wollten, dachte ich noch, es handele sich um eine Verwechslung. Als ich dann tatsächlich den ersten Preis gewann, freute ich mich unbändig. Filmen war wirklich mein Ding, und dieser Preis war die Bestätigung dafür. Auch Ilona konnte das nun akzeptieren. Ich schaffte eine anständige Ausrüstung an und den nächsten Film produzierten wir gemeinsam, genauso wie den übernächsten, der gleich zwei Preise gewann.

Dass Filmen meine Berufung ist, spüre ich sehr deutlich – ich fühle mich von Gott gesegnet. Gesegnet deshalb, weil ich wenig Energie und Kraft dafür brauche. Diese Projekte laufen ganz leicht und locker. Ich muss mich nicht dazu aufraffen, muss mich nicht disziplinieren, es ist für mich die reine Lebensfreude, mich damit zu beschäftigen und die dafür notwendigen Dinge zu tun: Konzepte ausarbeiten, Drehbücher schreiben, die Crew zusammenstellen, Dreharbeiten arrangieren und durchziehen, Vertonung und Schnitt zu managen.

Immer wieder erstaunt es mich, in wie wenig Zeit wie viel entstehen kann, wenn man sich nicht zu etwas zwingen muss. Heute investiere ich ungefähr die Hälfte meiner Zeit in die Filmerei, die andere Hälfte meiner Zeit fließt in die Akademie. Damit sind Ilona und ich glücklich.

Schritt 5 auf dem Weg zu Ihrem Lebenstraum:
Tragen Sie in Ihre Lebenslandkarte die weißen Flecken ein, die es in Ihrem Leben gibt. Welches sind die Bereiche, in die Sie sich nicht hineintrauen, die Ihnen verboten scheinen? Wo haben Sie keinen Zugang oder lassen Sie sich von Angst und Vorurteilen abhalten? Welche Glaubenssätze beherrschen Ihr Leben? Auch Fähigkeiten, die Sie nicht ausüben, können solche weißen Flecken sein. Oder Städte und Länder, in denen Sie gerne gelebt hätten, den Schritt dorthin aber nie gewagt haben – vielleicht weil Ihre Familie Sie nicht gehen lassen wollte oder weil Sie sich aus anderen Gründen an einen Ort gebunden haben. Überlegen Sie sich auch ganz gezielt, welche Bereiche, welche Orte Sie sich neu erobern wollen – und machen Sie sich einen Plan dafür.

„Aus Ihnen wird doch nie etwas!“

Für die weißen Flecken auf unserer Lebenslandkarte sorgen aber nicht nur wir selbst, sondern auch andere. Insbesondere die Menschen, die uns prägen, uns erziehen, uns ausbilden. Wer hat nicht schon von seinen Eltern den Satz gehört: „Also, ein Rechenkünstler wird ja wohl nicht aus dir!“, „Lass mal, das kannst du nicht, ich mach das schnell selbst“ oder „Unser Sohn ist total unmusikalisch!“ Eine sehr beeindruckende Geschichte dazu hat mir einmal ein Physiotherapeut erzählt. Während seiner Schulzeit auf dem Gymnasium hatte er einen Physiklehrer, der kein gutes Haar an ihm ließ: „Aus Ihnen wird doch nichts Gescheites, Sie haben keinerlei physikalisches Verständnis, vergessen Sie einfach alle Berufe, die damit irgendwas zu tun haben!“ Der Physiotherapeut absolvierte sein Abitur, durchlief seine Ausbildung und machte sich dann, nachdem er einige Jahre Berufserfahrung gesammelt hatte, selbstständig. Er wurde sehr erfolgreich, sein Betrieb hat mehrere Niederlassungen und viele Mitarbeiter. Eines Tages kam dieser Physiotherapeut in einen seiner Behandlungsräume, in dem bereits ein neuer Patient auf ihn wartete – und er erkannte in ihm sofort seinen alten Physiklehrer, ganz im Gegensatz zu dem älteren Herrn, der ihn gar nicht richtig anschaute, sondern ihm lediglich erzählte, wie er sich die Rückenschmerzen zugezogen hatte, derentwegen er nun dalag, nämlich beim Löwenzahnausreißen in seinem Garten.

Sein Physiotherapeut und ehemaliger Schüler erklärte ihm nun ausführlich, dass es so etwas wie die Hebelwirkung gäbe, die ja bei seiner Körpergröße und Armlänge beträchtlich wäre und es deshalb auch überhaupt kein Wunder sei, dass er sich bei der Zusammenwirkung solcher Kräfte derart den Rücken gezerrt habe. Da sagte sein ehemaliger Physiklehrer zu ihm: „Sie sind ja ein richtiger Physik-Experte! Das hat man selten! Und ich weiß das, ich bin nämlich Physiklehrer!“ – „Ja“, antwortete da der Physiotherapeut. „Es ist schon erstaunlich, dass ich das alles weiß. Mein Physiklehrer bescheinigte mir nämlich früher einmal, dass ich niemals auf einen grünen Zweig kommen würde, weil ich so wenig physikalischen Sachverstand hätte.“ Dabei grinste er in sich hinein. Er ist ein feiner Mensch, der seinen ehemaligen Lehrer nicht der Peinlichkeit aussetzen wollte, sich ihm erkennen zu geben. Also kümmerte er sich um das, was sein Job war: den malträtierten Rücken seines Patienten zu kurieren.

Diese Geschichte machte mir wieder einmal deutlich: Wenn wir uns auf solche Glaubenssätze festlegen lassen, wenn wir uns auf sie reduzieren lassen, dann legen wir uns fest. Dann sind wir tatsächlich in Physik eine Niete oder unmusikalisch oder haben zu dicke Beine, um Röcke anziehen zu können. Dann – und erst dann – hat unsere Lebenslandkarte einen weißen Fleck. Aber: Auch wenn sich solche Glaubenssätze über Jahre hinweg negativ auswirken und manchmal sogar den Charakter eines Fluchs haben können, so haben wir als erwachsene Menschen die große Chance, diese Glaubenssätze außer Kraft zu setzen und uns Heilung von diesem Fluch zu verschaffen. Wir können sie uns bewusst machen, sie aussprechen und dann handeln.

Ich bewundere beispielsweise alle Menschen, die ein Musikinstrument spielen können. Schon als Kind war das so, und ich unternahm zwei Anläufe, es ihnen gleichzutun: Ich lernte Blockflöte und Tenorhorn zu spielen. Mit keinem dieser Instrumente habe ich es ernsthaft zu etwas gebracht. „Ich bin einfach total unmusikalisch", war einer der Glaubenssätze, mit dem ich demzufolge aufwuchs. Als ich dann erwachsen war, wollte ich noch einmal wissen, ob das tatsächlich stimmte. Das konnte doch einfach nicht sein – wo ich so viel Spaß an der Musik hatte und es so sehr liebte, in Konzerte zu gehen! Ich wurde also Mitglied in einem Rundfunkchor, denn ich sang ausgesprochen gerne. Und siehe da, das klappte ganz wunderbar. Ich gehörte diesem Chor über Jahre hinweg an und war sehr glücklich dort. Viele Stücke aus unserem Repertoire sind mir heute noch geläufig und ich singe sie, alleine oder mit anderen. Deshalb: Pfeifen Sie auf die Glaubenssätze Ihrer Kindheit! Setzen Sie die Flüche Ihres Lebens ganz gezielt außer Kraft. Erobern Sie die weißen Flecken Ihrer Lebenslandkarte!

Wie machtvoll und prägend Glaubenssätze und Flüche sein können, kann man immer wunderbar daran erkennen, dass sie auch genau in die andere Richtung wirken. Kennen Sie die Geschichte von Tommy Lasardo, dem großen ehemaligen Baseballspieler und -trainer, und seinem Schützling Orel Hershiser? Orel war ein junger, unerfahrener und obendrein sehr schmächtiger Werfer in Lasardos Mannschaft. Was Orel aber besser konnte als viele andere: kraftvoll und präzise werfen. Allerdings fehlte ihm der nötige Biss, um sich gegen die anderen Spieler durchzusetzen. Lasardo nannte ihn deshalb „Bulldogge“. Eigentlich lag nichts ferner, als ihm ausgerechnet diesen Spitznamen zu verpassen. Aber Orel ließ sich davon anspornen, schließlich erinnerte ihn dieser Name immer an das, was er sein konnte. Und dieser positive Glaubenssatz wirkte tatsächlich: Orel wurde einer der härtesten und gefürchtetsten Spieler der ersten Liga.

Leidenschaft braucht Abstand, braucht neue Erfahrungen

Die weißen Flecken auf Ihrer Lebenslandkarte müssen nicht zwingend Sperrgebiete sein, die mit negativen Glaubenssätzen oder Flüchen belegt sind. Sie können auch Gebiete oder Bereiche sein, die Sie aus Gewohnheit oder Bequemlichkeit nicht betreten. Viele Menschen leiden gerade in der Mitte ihres Lebens darunter, dass ihnen die Leidenschaft abhanden gekommen ist – Leidenschaft für ihren Partner, für ihren Job, für ihr Leben. Ich denke mir: Wer sich immer nur in vertrauten Bereichen bewegt, nichts Neues entdeckt, nicht hin und wieder Abstand zwischen sich und seinen Alltag bringt, sich keinen neuen Herausforderungen stellt, der verliert nach und nach die Lust und die Leidenschaft am Vertrauten.

Um Leidenschaft beispielsweise in eine Beziehung zu bringen, braucht es Gelegenheit, auch mal auf Abstand zu gehen und Distanz zum Partner herzustellen. In einer Zeit, in der meine Schwiegermutter sehr krank war, ist Ilona oft zu ihr gefahren. Wir waren mehrmals im Monat tagelang getrennt. Das gefiel mir überhaupt nicht – einerseits. Aber andererseits fachte es auch die Leidenschaft in unserer Beziehung an. Immer wenn Ilona zurückkam, genossen wir unser Zusammensein umso mehr. Das Vertraute wurde wieder zu einem Luxusgut, denn es hatte den Status des Selbstverständlichen verloren.

Wer sich nur in vertrauten Bereichen seiner Lebenslandkarte bewegt, verbaut sich die Chance, andere, spannende Orte kennenzulernen. Wer immer ins Allgäu in den Urlaub fährt, wird nie entdecken, wie schön Frankreich ist. Und der wird auch nie über den Rand seiner Lebenslandkarte hinausschauen und neue Orte, neue Sprachen, neue Gepflogenheiten erobern. Wer das doch einmal tun möchte, kann sich auch erst einmal auf eine gedankliche Reise begeben – nämlich auf seiner Lebenslandkarte! Auf ihr zeigt sich schnell, welche Bereiche noch unentdeckt sind und nur darauf warten, mit Orten, Wegen und Höhenlinien versehen zu werden!

Ilona und ich machen etwas ganz Ähnliches mit unserem Jahresplan, aber auch mit unserem Sieben-Jahres-Plan. In beiden Plänen steht, was wir uns im betreffenden Zeitraum wünschen und vorgenommen haben, und zwar in vier Spalten unterteilt: Ehe/Familie, Freunde, Beruf, Urlaub/Freizeit. Wir schreiben das deshalb so akribisch und strukturiert auf, weil wir sonst den Überblick verlieren – und dann doch nichts von dem umsetzen, was wir uns vorgenommen haben. Freunde von uns gehen da ganz anders vor: Sie haben eine Traumkiste. In diese Kiste packen sie einfach alles hinein, was ihnen wünschenswert erscheint und wovon sie träumen. Das können materielle Dinge sein, ein Foto von einem Handy, das sie gerne hätten, oder ein Foto von einem Wintergarten, den sie sich an ihr Haus bauen lassen wollen, aber auch ein Katalog mit Urlaubsreisen oder ein Bild von einer blühenden Wiese als Symbol dafür, dass sie sich gerne mal wieder Zeit für eine ausgedehnte Wanderung nehmen möchten. Ab und zu nehmen sie sich dann die Traumkiste vor, schauen nach, was sich alles darin angesammelt hat und überlegen, wann und wie sie ihre Wünsche und Träume umsetzen können. Und so lernen sie nicht nur die weißen Flecken ihrer Lebenslandkarte kennen, sondern erobern sie sich auch nach und nach.

Auch in den biblischen Geschichten gibt es immer wieder Beispiele für Menschen oder Figuren, die die weißen Flecken, das unbesetzte Gebiet ihrer Lebenslandkarte erobert haben. Eine der eindrücklichsten Figuren ist Paulus von Tarsus, der um 60 n. Chr. starb. Er war ein Jude mit griechischer Bildung und römischem Bürgerrecht und verfolgte als gesetzestreuer Pharisäer die Anhänger des gekreuzigten Jesus. Sein Glaubenssatz war: Die Christen, das sind die, die vom rechten Weg abgekommen sind. Deshalb müssen sie auf diesen Weg wieder zurückgeführt werden. Doch dann hatte er auf einer seiner Reisen kurz vor Damaskus eine Begegnung mit Gottes Sohn. In einer visionären Lichterscheinung sprach Jesus zu ihm (und benutzte dafür Paulus' hebräischen Namen): „Saul, Saul! Warum verfolgst du mich?" Paulus fragte: „Wer bist du, Herr?" Und Jesus antwortete ihm: „Ich bin Jesus, den du verfolgst!"

Dieses Erlebnis bekehrte Paulus. Er hatte den Mut, seine alten Glaubenssätze über Bord zu werfen. Fortan reiste er durch viele

Länder des östlichen Mittelmeerraums und gründete überall christliche Gemeinden. Durch die Briefe, die er regelmäßig in diese Gemeinden schickte, blieb er mit ihnen in Kontakt. Diese Paulus-Briefe sind die ältesten erhaltenen Schriften des Neuen Testaments und haben christliche Theologen wie Augustinus und Martin Luther ebenso stark beeinflusst wie Philosophen wie Kierkegaard und Jaspers. Paulus' Wirkung reicht also bis in die moderne europäische Geistesgeschichte hinein. Er war ein sehr sozial eingestellter Mensch, der nicht nur ein gutes Führungskonzept entwickelte, sondern auch ein soziales Sicherungssystem. Seit der Aufklärung sehen viele Denker ihn als den eigentlichen Begründer des Christentums. Für mich ist er eine sehr spannende Figur, weil er in seinem Leben eine 180-Grad-Wende vollzogen, sich von seinen Glaubenssätzen gelöst und neues Terrain erschlossen hat. Ganz besonders seine Briefe an Timotheus sind mir immer wieder eine große Inspiration, denn auch ich möchte später einmal, nachdem ich die Führung der TYP Akademie abgegeben habe, mein Wissen weitergeben, um anderen einen weiten Blick und die Eroberung neuen Landes zu ermöglichen.

Mut zum Leben!

Sicher, wer neues Gebiet betritt, sich in bislang unbekanntes Land hineinwagt, muss mit Rückschlägen rechnen. Gerade als Unternehmer gehe ich hier oft Risiken ein. Ich frage mich immer wieder, wenn sich beispielsweise die Möglichkeit ergibt, dass wir ein neues Geschäftsfeld erschließen oder neue Seminare in unser Programm aufnehmen: Lohnt sich das? Setze ich jetzt alles auf eine Karte und riskiere das? Oder bleibe ich bei dem, was schon immer gut und zuverlässig funktioniert hat? Ich habe viele Ideen, bin aber oft auch unsicher, ob sie mich auf den richtigen Weg führen. In solchen Situationen bete ich viel. Ich werde still. Mache mein Herz auf für Gott. Wenn dann Friede in mein Herz einzieht und meine Unsicherheit nachlässt, dann weiß ich: Alles wird gut gehen. Es gibt durchaus Gelegenheiten, in denen sich dieser Friede nicht über mich senkt. Und dann setze ich meine Pläne auch nicht um. Darin verlasse ich mich ganz auf meinen Schöpfer. Vielleicht ist der Zeitpunkt nicht geeignet, vielleicht bin ich wieder zu ungeduldig und will alles auf einmal. Aber ich weiß: Aus Gottes Perspektive gibt es keine Hektik. Er schickt mir seinen Frieden zum richtigen Zeitpunkt. Und er kommt immer rechtzeitig.

Während der Arbeit an einem meiner letzten Filme gab es eine Situation, in der ich das sehr deutlich erleben konnte: Ich hatte einen Komponisten beauftragt, die Musik für den Film zu schreiben. Mit dem Ergebnis war ich sehr zufrieden. Die Musik war wunderschön, inspirierend, perfekt auf den Film abgestimmt – bis auf den Anfang. Der gefiel und gefiel und gefiel mir einfach nicht. Er klang recht belanglos, eher nach einer Musik, wie wir sie aus Supermärkten oder Aufzügen kennen. Ich wollte dagegen etwas Starkes, Tragendes – für den Anfang des Films erschien mir das wirklich wichtig. Ich bat den Komponisten, den Anfang noch einmal neu zu gestalten.

Das tat er. Es war schön, klangvoll, außergewöhnlich – aber immer noch nicht das, was ich mir vorgestellt hatte.

Die Zeit wurde knapp. Schließlich brach der Morgen des Tages an, an dem das Material ins Presswerk musste – und die Musik war nicht so, wie ich sie mir wünschte. Ich war verzweifelt! Ich sagte zu Ilona: „Wir müssen beten, damit unser Komponist noch eine göttliche Eingebung bekommt!" Das taten wir, und anschließend rief ich ihn an, um ihm zu sagen, dass wir jetzt alles auf eine Karte setzen wollten und er noch bis zum Nachmittag dieses Tages Zeit bekäme, um die Musik doch noch so zu komponieren, wie ich mir das vorgestellt hatte. Ich setzte alles auf diese eine Karte, gab im Presswerk Bescheid, dass sich die Datenlieferung etwas verzögern würde. Und dann wartete ich. Nachmittags um drei kam endlich die heiß ersehnte Mail vom Komponisten mit der Audiodatei. Und was soll ich Ihnen sagen? Als ich sie mir anhörte, hatte ich eine Gänsehaut und mir stiegen vor lauter Rührung Tränen in die Augen. Diese Musik war etwas komplett anderes. Sie war neu, sie war großartig. Sie war göttlich inspiriert.

Und da wusste ich wieder einmal: Wer neues Land erkundet, hat Gott an seiner Seite. Wer sich mutig neue Bereiche und Gebiete erschließt, wird von Gott beschenkt – mit neuen Erfahrungen und neuer Leidenschaft. Wagen Sie es! Mut zum Leben! Das wünsche ich Ihnen von Herzen.

Gundula Gause

Weiße Flecken auf der Karte

Immer wieder beschäftige ich mich auch mit abgelegenen oder weniger bekannten Regionen unserer Erde. Dies tue ich privat aus persönlichem Interesse, aber auch als Redakteurin, die die Welt überwiegend vom Schreibtisch durch das Fernsehauge sieht. Sobald ein Ereignis auf einen Ort hinweist, der bislang ein weißer Fleck auf unserer Karte gewesen sein mag und ihn gewissermaßen bekannt macht, wird über ihn berichtet, als habe er eine ungeheure Bedeutung für uns. Oft werden wir von Zuschauern gefragt, warum wir beispielsweise immer nur von Aggressionen zwischen Israelis und Palästinensern berichten und nicht von der Schönheit der Weinberge am Golan. Deswegen bemühen wir uns, auch in unserer Tagesberichterstattung hin und wieder einen ruhigen Blick auf ein Land oder eine Region zu werfen, ohne dass es einen konkreten Anlass gibt. Dies ist natürlich nur selten möglich, denn oft genug bleibt aufgrund der dichten Nachrichtenlage weder Zeit noch Raum für solche Abstecher.

So bin ich froh über mein ehrenamtliches Engagement für das katholische Hilfswerk missio, das mir reale Abstecher zu so manchen weißen Flecken beschert. Seit ungefähr zehn Jahren bin ich Schirmherrin des sogenannten Afrikatages, der ältesten kirchlichen Kollekte der Welt, und befasse mich seither immer wieder mit verschiedenen Ländern dieses armen Kontinents, über den üblicherweise nur berichtet wird, wenn eine

Hungersnot wieder Hundertausende bedroht oder ein Krieg wie in Ruanda unzählige Menschenleben kostet.

Sich diesem Thema zu nähern ist zunächst einmal Basisarbeit und zwar von einer ganz anderen Art als der, die ich in meinem Berufsalltag gewohnt bin. Dort habe ich im Lauf der Jahre recht oft Nachrichten über Ereignisse in Afrika zu formulieren gehabt und trotzdem war dieser Kontinent für mich lange Zeit so etwas wie ein weißer Fleck auf der Landkarte. Auch die Fakten zum Beispiel über die weltweite Ausbreitung von AIDS zusammenzutragen und dazu eine Nachricht zu schreiben, ist eine distanzierte, fast sterile Art, sich mit den Problemen dieser Welt zu befassen. Aber auf einer meiner Reisen nach Afrika die aidskranke Zanele kennenzulernen, Anteil an ihrem Schicksal zu nehmen und ihr ein Stück Unterstützung zukommen zu lassen, das ist eine kleine Lebensgeschichte. Das ist die Eroberung eines weißen Flecks.

Zanele wurde als Kind von ihrer Mutter verlassen und von einer fremden Familie aufgenommen. Dort wurde sie im Alter von neun Jahren von einem jungen Mann vergewaltigt und dabei mit dem Virus infiziert. Als Jugendliche wurde sie im südafrikanischen Durban von einem Sozialarbeiter der dortigen katholischen Kirche aus ihrer verzweifelten Situation gerettet. Er kümmerte sich um sie, organisierte eine Unterkunft in einem Kinderheim in kirchlicher Trägerschaft, Schulbesuch sowie medizinische Betreuung und Aidsmedikamente für die damals 12-Jährige. Zanele gibt das Gute, das ihr getan wurde, weiter, indem sie sich in Durban um Straßenkinder kümmert.

Heute ist sie tatsächlich eine glückliche junge Frau, die trotz des Virus ein Kind erwartet.

Drei Reisen habe ich bislang nach Afrika unternommen: 2004 nach Kenia, 2007 nach Südafrika und im Sommer 2011 in den Senegal. Diese Reisen waren keine Vergnügungstouren, um die Schönheit der Länder zu erfahren, sondern Reisen in den Dreck der Slums zum Beispiel von Nairobi und in staubige Dörfer im Landesinnern des Senegal, um Menschen in ihren verzweifelten Lebenssituationen zu erleben. Diese Reisen haben mich stark beeindruckt und den Blick auf bislang weiße Flecken meiner persönlichen Landkarte gelenkt.

Afrika ist der am schwersten von AIDS betroffene Kontinent. Auf den Reisen mit missio haben wir viele Häuser, Waisenheime, Kinderheime und Krankenstationen besucht. Dort engagieren sich zahlreiche Hilfsorganisationen, darunter viele katholische Ordensschwestern und -brüder für aidskranke Kinder und Aidswaisen. Mit Ordensbrüdern aus Lateinamerika besuchten wir Aidskranke im größten Slum von Nairobi. Ein Dutzend junger Patres wohnen mitten in Kibera in einfachsten Verhältnissen und kümmern sich um die Slumbewohner. Hunderttausende leben dort unter unvorstellbar erbärmlichen Bedingungen in größter Armut – ohne Kanalisation und ohne sanitäre Anlagen. Überall herrscht ein unsäglicher Gestank, nackte Kinder spielen im Dreck, es fehlt an allem.

Auf unserem Weg durch Kibera besuchten wir eine ungefähr zwölfköpfige Familie, die in einer unbeschreiblich schmutzigen Hütte lebt. In einer Ecke des armseligen Verschlages saß eine aidskranke Frau. Die Ordensbrüder hatten ihr eine Tüte Medikamente und eine Tüte Hirse mitgebracht, den Vorrat für eine Woche. Ohne diese Medikamente und die Lebensmittel hätte sie überhaupt keine Chance, zu überleben. Nachdem wir uns eine Weile miteinander unterhalten hatten, standen auf einmal alle auf, hielten sich an den Händen und bildeten einen großen Kreis. Gemeinsam beteten wir das Vater Unser, jeder in seiner Sprache. Kisuaheli und Englisch liefen im gleichen Duktus, es war ein bewegendes Erlebnis.

Christlicher Glaube wird in solchen Momenten greifbar und ganz konkret. Es bleibt nicht nur bei Worten. Die Menschen erfahren Gemeinschaft und praktische Hilfe in ihrer Not. Diese seelische Ansprache, die ich dort in jener ärmlichen Hütte im Slum von Nairobi erlebt habe, macht für mich die besondere Arbeit von missio aus. Jenseits der klassischen Entwicklungshilfe gehen die Ordensleute auf die Menschen zu, leben mit ihnen und bieten ihnen in christlicher Nächstenliebe Hilfe und Unterstützung an. Dabei missionieren sie nicht, sondern sind in bewundernswerter Selbstlosigkeit einfach für die Menschen da und helfen ihnen zu leben.

Die Arbeit von Schwester Christine ist auch so ein Beispiel. Ich lernte sie bei Kaolack im Landesinnern des Senegal kennen. Die 38-Jährige engagiert sich seit Jahren gegen die immer noch weit verbreitete Genitalverstümmlung, die vielerorts im Senegal aus Stammestradition praktiziert wird, obwohl sie seit 1999 per Gesetz verboten ist. Es ist eine tief verwurzelte Überzeugung der Menschen in vielen afrikanischen Ländern, dass Mädchen nur rein sind, wenn sie beschnitten sind. Unbeschnittene Mädchen finden keinen Mann und werden von ihren Familien verstoßen. Dabei ist der Vorgang der Beschneidung absolut bestialisch. Durch Erzählungen wissen heute zwar viele Mädchen, was auf sie zukommt, aber die Schmerzen und daraus resultierenden gesundheitlichen Probleme haben eine dann doch ungeahnte Dimension. Viele Mädchen sterben daran, alle erleiden unglaubliche Schmerzen. Außerdem haben diese Frauen zeit ihres Lebens Probleme beim Geschlechtsverkehr und beim Wasserlassen – abgesehen davon, dass sie durch die Beschneidung zum Objekt degradiert werden und ihnen die Würde genommen wird.

Es ist ein Mentalitätswandel notwendig, damit die afrikanische Gesellschaft erkennt, dass dieses schreckliche Unrecht beendet werden muss. Dazu braucht es öffentliche Wahrnehmung und eine Lobby für Frauen, die in ihrem kulturellen Umfeld Afrikas tatsächlich wenige Rechte haben. Noch ist es ein weiter Weg. Aber es gibt erste Anzeichen, dass sich etwas ändern kann. Schwester Christine hält unermüdlich Informationsveranstaltungen in den Dörfern ab, um die Menschen zu überzeugen, dieses grausame Ritual zu beenden. Ihre Initiative ist für mich ein kleines Hoffnungszeichen. Es wird sicherlich noch Jahre dauern, bis sich ein Sinneswandel vollzieht, aber es ist ein Prozess in Gang gekommen, und ich bin davon überzeugt, dass dieser Sinneswandel in den afrikanischen Stämmen auch ohne Aufgabe ihrer Werte möglich ist.

Unvergesslich wird mir eine dieser Informationsveranstaltungen bleiben, die wir mit missio begleitet haben. Es war ein heißer Tag, an dem wir über staubige Pisten in ein Dorf etwa 30 Kilometer von Kaolack fuhren. Schwester Christine hatte uns angekündigt, die Dorfgemeinschaft wartete auf uns unter einem riesigen Baum, der als einziger weit und breit wohltuenden Schatten spendete. Vor uns saßen etwa 100 Frauen und Mädchen am Boden, viele hatten Babys an der Brust, hinter uns saßen die muslimischen Männer des Dorfes auf Plastikstühlen, alle in ihre langen Kaftane gekleidet und die Daumen drehend. Nach langatmigen Begrüßungen, in denen wir uns gegenseitig der Freude und Dankbarkeit versicherten, dass wir uns füreinander Zeit nahmen, sollte ich eine Rede halten. Auf Französisch wandte ich mich an die Dorfgemeinschaft, während ein junger Mann meine Worte in die Landessprache Wolof übersetzte.

Mit großen Augen aus ihren tiefschwarzen Gesichtern hörten sie mir zu, wie ich sie – nach erneutem Dank, dass wir sie besuchen durften – zu Respekt gegenüber den Frauen des Dorfes aufforderte. Es sind die Frauen, die in Afrika die Arbeit machen. Sie müssen aus praktisch nicht vorhandenen Vorräten Mahlzeiten zubereiten, kehren den Staub vor der Hütte, kümmern sich um die Kinder und versuchen zum Beispiel mit der Herstellung von Bonbons etwas Geld zu verdienen, um nicht in weitere Nöte zu geraten. Das beschrieb ich ihnen und die Herren des Dorfes antworteten immer wieder mit einem „Waaoo, waaoo", was sich wie „Wau, wau" anhört und „Ja, ja" meint. Schließlich erlaubte ich mir, den Herren zu sagen, dass es auch ihnen besser gehe, wenn es ihren Frauen besser ginge – und ich glaube, sie haben verstanden, wie ich das meinte. Es war eine unglaubliche Begegnung.

Natürlich kann man nun einwenden, dass viele der Begegnungen, die missio schafft, nur ein Tropfen auf den heißen

Stein seien. Aber ich meine, jedes Bemühen um ein friedliches und solidarisches Miteinander hat seinen Wert und trägt dazu bei, dass die weißen Flecken auf unserer Landkarte immer weniger werden – im eigentlichen wie im übertragenen Sinne.

Es werden sicher weiterhin weiße Flecken auf unseren Lebenslandkarten bleiben. Uns allen sind Grenzen gesetzt – in Bezug auf die Zeit oder die Möglichkeiten, die uns zur Verfügung stehen. Aber ich versuche, mir den Blick für den Nächsten zu bewahren, ob in Afrika oder gleich nebenan. Und ich möchte Mut machen, es auch einmal zu versuchen. Wer von sich selbst absieht, entdeckt mehr, als er momentan vielleicht ahnt. Die biblische Botschaft der Bergpredigt – Barmherzigkeit und Gerechtigkeit – kann die Welt verändern.

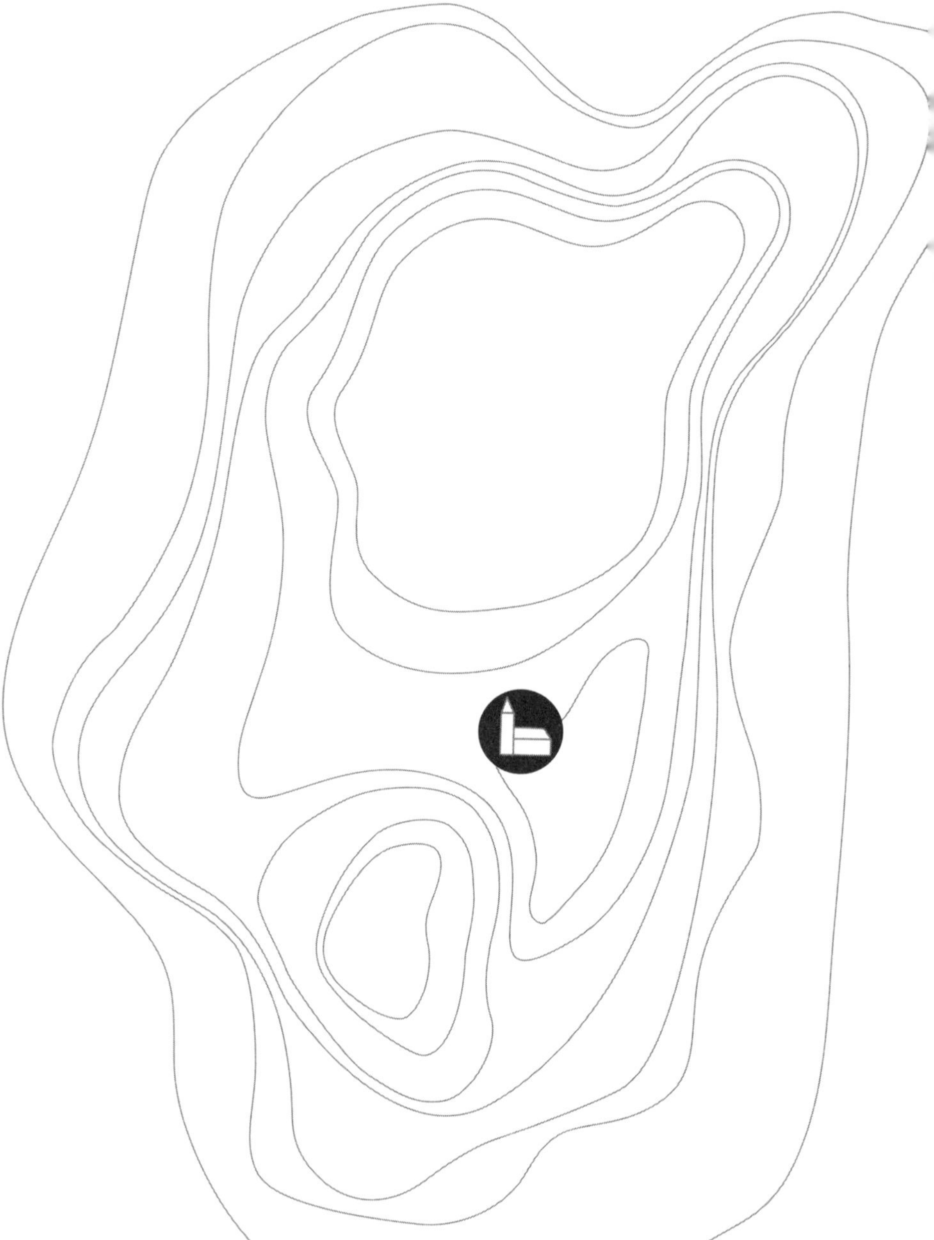

Rainer Wälde

Heilige Orte: Ich bin mit mir im Reinen

Langsam ruckelt die voll besetzte Zahnradbahn von Zermatt auf den Gornergrat hinauf. Nach und nach offenbart sich uns die grandiose Bergwelt des Wallis. Mit jedem Meter, mit jedem Zahnrad, das sich in die Zahnstange einhakt, werde ich aufgeregter. Neben mir sitzt Ilona. Und uns gegenüber mein 87-jähriger Vater und meine „zweite Mutter" Inge, die mein Vater nach dem Tod meiner Mutter geheiratet hat. Wir sind unterwegs, um einen großen Lebenstraum meines Vaters zu erfüllen: Seit 70 Jahren will er das Matterhorn sehen. Und das wird heute sein. Vater und Sohn gemeinsam unterwegs – für mich fühlt es sich so an, als seien wir zwei kleine Jungen, die sich auf den Weg zu einem großen Abenteuer machen. Wir sind beide beseelt von einer immensen Freude und einem kaum noch in Schach zu haltenden Glücksgefühl – das auch davon getragen wird, dass heute, an diesem Pfingstsonntag, zum ersten Mal seit Wochen die Sonne scheint und die Luft so klar ist, dass die Berge direkt vor unserer Nase zu stehen scheinen.

Wir fahren zuerst durch Wälder, durch Tannenhaine, dann werden die Bäume immer weniger, der Schnee höher und die Luft spürbar dünner. Und auf einmal ist es so weit: Wir sind auf dem Gornergrat – 3.089 Meter hoch! Wir steigen aus der Zahnradbahn und gehen ein paar Schritte, wir kommen schnell aus der Puste. Mein Vater verträgt das aber erstaunlich gut und wir gehen hinüber zur Aussichtsterrasse und schießen erst einmal ein paar Gipfelfotos. Andächtig und glücklich steht mein Vater da und betrachtet das Matterhorn. Niemand von uns sagt mehr etwas. Wir sind alle ergriffen von diesem einzigartigen Berg, der in diesen unfassbar blauen Himmel ragt. Alles glitzert und flimmert. Es ist ein ganz besonderer Moment, der so nicht wiederkommen wird – das spüren wir alle. Und er schweißt uns zusammen, dieser Moment. Er macht vieles vergessen, er verbindet uns, er ist ein Höhepunkt unseres gemeinsamen Lebens. Die Vergänglichkeit dessen, was wir hier erleben, ja, unseres ganzen Daseins, wird mir brutal bewusst, und ich kämpfe sogar mit den Tränen.

Auch später noch, im Gornergrathotel, muss ich schlucken: Da gibt es einen Moment, in dem meine Eltern beide vor dem großen Aussichtsfenster stehen, ganz in sich und in den Anblick des Matterhorns versunken, und auf einmal weiß ich: Es ist das letzte Mal in ihrem Leben, dass sie so etwas Außergewöhnliches erleben. Da ist eine heilige Stille um sie, eine ganz tiefe Andacht, ein Stück Ewigkeit, Zeit und Raum sind verschwunden. Solche Momente sind unvergesslich.

Am Nachmittag fahren wir wieder zurück nach Zermatt – und wir schweigen fast die ganze Zeit. Jeder von uns ist ergriffen und hängt seinen eigenen Gedanken und Empfindungen nach. Erst als wir in Zermatt in einem Café sitzen, können wir uns über das Gesehene und Erlebte austauschen. Mein Vater erzählt uns, dass er schon am ganz frühen Morgen dieses Tages – bei Sonnenaufgang – vom Hotelzimmerfenster aus das Matterhorn gesehen habe. Deshalb sei dieser Traum für ihn auch in drei Akten in Erfüllung gegangen: der Blick aus dem Bett seines Hotelzimmers, die Fahrt mit der Zahnradbahn und dann das Finale auf dem Gornergrat. Er ist überglücklich. Seit diesem Tag ist das Matterhorn ein besonderer Ort für unsere Familie – ein heiliger Ort, würde ich sagen.

Die Ewigkeit mit Händen greifen

Heilige Orte – das sind Plätze und Stätten der besonderen Berührung. An ihnen geschieht etwas mit uns, mit unseren Herzen, etwas, das lange in uns erhalten bleibt und uns sehr tief prägt. Es sind Orte, an denen wir spüren, dass Zeit und Raum verschwinden und wir die Ewigkeit förmlich mit Händen greifen können. Vielleicht ist ein Berg heilig, vielleicht ein Tal, vielleicht ein See oder das Meer. Auch Orte, die auf irgendeine spezielle Weise mit unserer Biografie verbunden sind, können heilig sein. Ich denke, dass jeder Mensch im Laufe seines Lebens an „Schlüsselorte" kommt – zum Beispiel dort, wo er das erste Mal in seinem Leben das Meer sieht, das erste Mal Ski fährt, den ersten Kuss bekommt. Meine Frau Ilona erzählt immer wieder beseelt und beglückt von dem ersten Urlaub, den sie mit ihrer Familie an der Adria verbrachte. Sie und ihre Geschwister waren noch klein, eine Reise nach Italien war ein großes Abenteuer, und für sie bedeutete es das Glück auf Erden, dass ihre Eltern uneingeschränkt Zeit für sie und ihre Geschwister hatten. Dieser Urlaubsort ist ihr heute noch heilig.

Ich hatte in meiner Kinderzeit einen ganz anderen heiligen Ort: In der Nähe von Denzlingen, dem Ort, an dem ich zur Schule gegangen bin, gibt es den Mauracher Berg. An seinem Osthang steht mitten in einem Wald die Kirchenruine St. Severin. Vermutlich befand sich an dieser Stelle schon vor 1.000 Jahren ein Gotteshaus. Immer wenn ich zu Hause Ärger hatte, wenn mir alles zu viel wurde, setzte ich mich auf mein Fahrrad und fuhr dorthin. Dort fühlte ich mich angekommen und angenommen. Es war ein Ort des Friedens. Da gab es keine Auseinandersetzungen mit meinen Eltern, dort konnte ich die Krankheit meiner Mutter wenigstens für eine kurze Zeit aus meinen Gedanken verbannen und vor allem Kraft und Energie tanken. Ich befand mich zwar immer noch mitten in der Welt, aber doch ein kleines bisschen jenseits von ihr. Diese Ruine war mein geheimer Kraftort. Daran denke ich auch heute noch gerne zurück und spüre immer noch etwas von diesem Geist und dieser Kraft, die ich dort tanken konnte.

Schritt 6 auf dem Weg zu Ihrem Lebenstraum:

Nehmen Sie sich Ihre Lebenslandkarte noch einmal vor und tragen Sie Ihre heiligen Orte dort ein – mit einer Farbe, die Sie bislang noch nicht benutzt haben. Beschriften Sie anschließend diese heiligen Orte, und zwar ganz konkret: Kirschbaum in Omas Garten, Bootssteg am See, Wohnzimmer, Berghütte – wo auch immer.

Ich verspreche Ihnen: Sobald Sie das getan und sich damit Ihre heiligen Orte noch einmal bewusst gemacht haben, werden diese Ihnen noch wertvoller erscheinen. Sobald es in Ihrem Leben wieder einmal hektisch und eng werden sollte: Nehmen Sie sich ganz bewusst eine Auszeit, suchen Sie einen heiligen Ort in Ihrer Nähe auf und tanken Sie Energie!

Begegnungen mit unserem Schöpfer

Heilige Orte müssen nicht draußen, müssen nicht weit entfernt sein. Sie können sich auch direkt vor unserer Nase befinden – nämlich mitten in der eigenen Wohnung.

Als Ilona und ich heirateten und zusammenzogen, ging es uns so wie vermutlich vielen Paaren, die sich erst im mittleren Alter finden: Jeder von uns hatte einen kompletten Hausstand mit Möbeln, Geschirr, lieb gewordenen Dingen, Sachen, an denen wir hingen, geerbte Antiquitäten, die zwar nicht unbedingt die schönsten, dafür aber mit wertvollen Erinnerungen versehen waren. Diese beiden Haushalte nun zu vereinigen, war schwieriger als gedacht. Ilona und ich konnten uns beispielsweise nicht einigen, ob in unserem Wohnzimmer nun meine moderne Schrankwand oder das alte Büffet stehen sollte, das Ilona von ihrer Tante geerbt hatte und das ihr so viel bedeutete. Ich hing aber auch an meiner Schrankwand! Schließlich war sie flott, modern, der Lack glänzte so schön, außerdem war sie praktisch und eben einfach meine Schrankwand, die ich noch gar nicht so lange hatte und auch noch eine ganze Weile behalten wollte. Weil wir uns aber nicht einigen konnten, ließen wir eben beide Schränke nebeneinander im Wohnzimmer stehen. Schrankwand neben Büffet, alt neben neu, Lack neben Weichholz. Es war kein sehr erbaulicher Anblick, das können Sie mir glauben. Jeder Einrichtungsspezialist hätte die Hände über dem Kopf zusammengeschlagen.

Ein Jahr lang ging das so. Doch irgendwann hörte ich einfach auf das Herz meiner Frau – und verkaufte die Schrankwand. Von diesem Moment an hörten wie durch ein Wunder die Auseinandersetzungen unseres ersten Ehejahres auf. Ich merkte, dass ich durch einen Ablösungsprozess gegangen war – ich hatte Abschied genommen von meinem früheren Leben und konnte mich nun voll und ganz auf den neuen Lebensabschnitt mit Ilona einlassen. Dass ich meine Schrankwand verkaufte, kam deshalb von Herzen. Es hatte nichts mit klein beigeben zu tun.

Dieses Buffet ist heute unser heiliger Ort in der Wohnung. Es ist so etwas wie ein Ankerplatz. Als wir vor vier Jahren das erste Mal auf Iona waren, brachten wir von dort ein keltisches Kreuz mit. Es steht heute ebenso auf dem Buffet wie eine große Kerze. Wir haben zwei Stühle davor gestellt und gerade an Tagen, die besonders hektisch sind, nehmen wir uns ganz bewusst Zeit, setzen uns vor das Büffet, werden still und beginnen so den Tag miteinander. Wir sprechen die alten Gebete der iro-schottischen Mönche, die mit diesen Worten schon vor 1.500 Jahren beteten. So machen wir unser Wohnzimmer mit dem alten Büffet zu einem Platz der Stille, der Andacht, der Verbindung mit Gott. Auch ein Freund von mir hat sich zu Hause einen solchen heiligen Ort geschaffen: Es ist ein schöner und bequemer Lesesessel in einem Erker. Jeden Morgen setzt er sich eine viertel Stunde in diesen Sessel und liest in der Bibel oder in einem anderen Buch, manchmal betet er auch und trifft sich dort mit Gott.

Begegnungen mit unserem Schöpfer – ich habe in meinem Leben immer wieder die Erfahrung gemacht, dass gerade die Orte eine heilige und ganz besondere Ausstrahlung haben, an denen sich Menschen jahrhundertelang zum Gebet versammelt haben und dies vielleicht immer noch tun. Kirchen gehören ganz sicher dazu. Aber auch Inseln wie Iona, die vor der schottischen Westküste liegt. Schon seit dem 5. Jahrhundert gibt es dort eine Abtei, die 1938 wieder aufgebaut wurde und heute die Iona Community beherbergt. Es ist eine Gemeinschaft, die neue Wege finden will, Glauben zu leben: mit Jugendarbeit, neuen Liedern und Gottesdienstformen und ihrem Einsatz für Frieden und Gerechtigkeit. Schon als Ilona und ich das erste Mal nach Iona reisten, spürten wir sie, diese besondere

Atmosphäre. Es herrscht eine unglaubliche Ruhe dort, denn Iona ist autofrei, man ist also von jeglichem Verkehrslärm ganz unbehelligt. Zu hören sind Wind und Wellen, und zu spüren ist ein ganz bestimmter Geist, eine ganz besondere Energie – erzeugt dadurch, dass sich so viele Menschen, die über die Jahrhunderte hinweg dort hingereist sind, gemeinsam auf ein bestimmtes Ziel ausrichten: den Dialog mit ihrem Schöpfer.

Ich bin zutiefst überzeugt: Um einen heiligen Ort erfahren und erleben zu können, muss man abschalten und zwar im wahrsten Sinn des Wortes. Handy, Smartphone, Computer – je mehr Kommunikationsgeräte ich ausschalte, desto empfangsbereiter werde ich für meine innere Stimme und für die Stimme Gottes. Wenn meine vielen Kommunikationsgeräte statt meiner selbst auf Empfang sind, dann habe ich Mühe, innerlich auf Empfang zu sein. Ich lasse mich durch eingehende Telefonate, E-Mails und SMS so sehr ablenken, dass ich mich nicht mehr auf mich selbst konzentrieren kann. Verrückterweise ist es so, dass an vielen heiligen Orten Funklöcher sind. Menschen, die das quasi unfreiwillig hinnehmen müssen, sind auf einmal ganz angetan von dieser Nichterreichbarkeit. Endlich haben sie ihre Ruhe! Und weil sie auch keine Chance haben, das, was sie da gerade erleben, sofort wieder zu kommunizieren, sei es nun via E-Mail, Handy oder Twitter, stellen sie fest, dass ihnen genau das hilft, zu sich selbst, zu innerer Ruhe, zu Gott zu finden.

Ich glaube fest daran, dass Schweigen gut ist. Gut und wertvoll. Manche Erfahrungen – und dazu gehören definitiv die heiligen, die besonderen Erfahrungen – sollte man besser für sich behalten. Nur dann kann man sie wie einen Schatz bewahren. Nur dann bleiben sie auch für lange Zeit ein Schatz. An heiligen Orten ereignen sich Sternstunden und Sternstunden passieren im Herzen, nicht auf Twitter oder Facebook.

Zur Ruhe kommen, Kraft tanken

Heilige Orte, das sind definitiv auch jene, an denen Menschen gelebt haben, die uns beeindrucken und uns wichtig sind. Ich erinnere mich noch gut an mein Abitur. Eines meiner Prüfungsthemen war Leben und Werk des Malers Caspar David Friedrich. Die Stätten seines Wirkens und viele Vorbilder der Landschaften, die er gemalt hat, lagen damals noch in der DDR und ich hatte keine Chance, dorthin zu reisen. Doch sofort, nachdem die Mauer gefallen war, machte ich mich auf den Weg. Das Elbsandsteingebirge, Dresden, Rügen, Greifswald, Cap Arcona – alle diese Orte und Plätze schaute ich mir an. Und etliche Jahre später drehte ich dann einen Film über Caspar David Friedrich, „Ein Augenblick zur Ewigkeit" hieß er. Für diesen Film machte ich mich auf die Suche nach dem, was Caspar David Friedrich 200 Jahr zuvor in der Natur gesehen haben mochte und was er dann schließlich gemalt hat.

Die Arbeit an diesem Film zog sich über ein Jahr hin. Und alle, die dabei waren, spürten, dass es mit diesen Orten etwas Besonderes auf sich hatte. Im Elbsandsteingebirge fand ich zum Beispiel genau die Felsen, die Caspar David Friedrich später gemalt hat. Exakt die Felsen, die er gesehen hat, sahen wir nun auch. Und das verband uns mit ihm. Das machte uns diesen Ort heilig. Noch einmal mehr, da wir wussten, dass der berühmte Maler seine Bilder als eine Form der Gottesanbetung begriff. Er war ein tief gläubiger Mensch und wollte mit seinen Bildern Predigten und Andachten schaffen. Seine Bilder symbolisierten die Endlichkeit alles Menschlichen und wiesen den Weg zu Gott – und das tun sie heute noch. Deswegen sind mir nicht nur die Orte heilig, an denen Caspar David Friedrich gelebt und gearbeitet hat, sondern auch jegliche Plätze, an denen seine Bilder zu sehen sind. Wenn ich mich in einem Museum vor einem seiner Bilder niederlasse, dann ist mir auch dieser Platz heilig. Denn dort komme ich zur Ruhe, dort tanke ich Kraft, dort gelange ich in einen inneren Dialog mit Gott.

Und das ist vielleicht die wichtigste Botschaft, die ich für Sie in diesem Kapitel habe: Heilige Orte beginnen in unseren Herzen. Sie sind immer dort, wo wir bereit sind, Gott zu empfangen. Das kann überall sein: keinen halben Kilometer von meinem Büro entfernt am Ufer der Lahn, in meiner Wohnung, in der nächsten Stadt und natürlich auch am anderen Ende der Welt, ganz egal. Wer sich öffnet, zu dem spricht Gott. Wir müssen nur auf Empfang schalten, dann hören wir ihn. Das, was uns gefangen nimmt, müssen wir deshalb ablegen. Sicherlich gibt es Orte, an denen uns das besser gelingt als an anderen. Für mich ist es das Meer. Wenn ich am oder auf dem Meer bin, kann ich ganz besonders gut abschalten. Zeiten am Meer nutze ich ganz bewusst, um auch in Sachen Kommunikation abzuschalten. Ich rufe keine E-Mails ab, das Handy bleibt aus, ganz egal, was passiert. Und selbst wenn ich Bücher und Zeitschriften mitgenommen habe – sie bleiben meist ungelesen. Ich verschließe meine inneren Ohren vor dem, was von draußen, von der hektischen Welt, über mich hereinbrechen will. Genauso wie das Wattenmeer den Wechsel von Ebbe und Flut braucht, so brauche auch ich diesen Wechsel von Öffnung gegenüber der Welt und Abgeschiedenheit.

Selbst wenn ich mit Freunden zusammensitze, alle ins Gespräch vertieft sind und miteinander lachen, gibt es Momente, in denen ich still werde – das sind heilige Momente an heiligen Orten, denn ich schweige nicht, weil mir alles zu viel würde, sondern weil ich überlaufe vor lauter Glück: Ich spüre dann das Glück des Augenblicks, die Gemeinschaft und das Verbundensein mit Menschen, die mir etwas bedeuten, mit denen ich offen und ehrlich sein kann. Ein heiliger Moment.

Der Ausflug mit meinem Vater zum Matterhorn liegt nun schon einige Zeit zurück. Dennoch ist er uns beiden noch sehr präsent. Oft denke ich außerdem an einen anderen Ausflug, den ich schon vor einigen Jahren mit ihm unternommen habe – auch zu einem seiner heiligen Orte: an den Niederrhein nach Wesel – nahe der holländischen Grenze. Dorthin, wo er am Ende des Zweiten Weltkriegs wie durch ein Wunder nur knapp dem Tod entronnen ist und wo ihm zum zweiten Mal sein Leben geschenkt wurde. Orte der Erinnerung, des Mahnmals – auch sie sind heilig. Sie ermöglichen uns genau das, was alle heiligen Orte tun: einen Schritt zurückzutreten hinter die Alltagssorgen, Dankbarkeit zu empfinden für das, was wir sind und haben, uns zu versöhnen mit dem, was uns widerfährt, mit uns und unserem Schöpfer ins Reine zu kommen – und gestärkt in den Alltag zurückzukehren.

Gundula Gause

Heilige Orte in meinem Leben

Auf den ersten Blick wirkt es alles andere als heilig. Nkandla ist ein Ort in der Mitte des Nichts. Eine Straßenkreuzung, eine Tankstelle, ein winziger Shop. Die staubige Piste windet sich durch grüne Hügel. Dann erreichen wir das Zentrum des Ortes und des gleichnamigen Gebiets, etwa 230 km westlich von Durban (Südafrika).

In der Stadt leben nur etwa 2.700 Einwohner, in der Region aber fast 160.000 Menschen. Es ist ein großes, dünn besiedeltes Gebiet, in dem mehr als 90 Prozent der Bevölkerung arbeitslos sind. Armut, wohin man schaut. Einfache Lehmhütten, verrostete Wellblechdächer, Kinder in zerlöcherten T-Shirts. Und jeder Vierte, vielleicht sogar jeder Dritte ist HIV-infiziert. Viele, sehr viele, sterben früh. Am Härtesten trifft es die kleinen Kinder, es gibt zahllose, sogenannte Aidswaisen. Sie leben in sogenannten child-headed-families, Familien, in denen es nur noch Kinder gibt. Fast die Hälfte der Bevölkerung ist unter 15 Jahre alt, die traditionellen afrikanischen Familienverbände existieren in dieser Region kaum noch. Irgendwo, einige Dörfer weiter, gibt es vielleicht noch eine Verwandte, die gelegentlich nach den Kindern ihrer verstorbenen Schwester schaut, aber sonst sind diese auf sich allein gestellt. Die Größeren kümmern sich um die Kleinen. Für viele von ihnen wird das Sizanani Waisenhaus in Nkandla zu einem Ort der Hoffnung. Sizanani bedeutet helft einander.

Dort arbeitet die deutsche Ordensschwester Dr. Ellen Lindner. Nahezu täglich fährt sie mit ihrem Geländewagen über holprige Pisten zu den Menschen in die entlegensten Dörfer der südafrikanischen Provinz Kwa-Zulu-Natal. Im Gepäck hat sie Medikamente, Verbandsmaterial und Lebensmittel. Als sie vor etwa 25 Jahren nach ihrem Medizinstudium überlegte, was der nächste Schritt für sie sein könnte, entschied sie sich für die Arbeit im Krankenhaus von Nkandla. Dort wurde sie gebraucht, denn damals gab es für 266 Betten nur zwei Ärzte. Vor einigen Jahren stieg sie aus dem Krankenhausbetrieb aus und kümmert sich nun mit acht anderen Schwestern ihres Ordens um eine Pflegestation für HIV-Patienten, ein Waisenhaus und die mobile medizinische Versorgung der Menschen. Regelmäßig betreuen sie gemeinsam mit den von ihnen ausgebildeten Helfern ungefähr 800 Zulu-Familien, darunter etwa 4.000 Kinder. Als sich die AIDS-Krankheit mehr und mehr ausbreitete, brauchte es neue Wege. Für die HIV-Infizierten gab es im Krankenhaus keinen Platz, man schickte sie fort. Das war für Schwester Ellen der Anstoß, zu den Menschen, in deren Häuser zu gehen und sie zu Hause in ihren Familien zu versorgen.

In der Gegend nennt man sie die Nardini-Sisters nach ihrem aus der Pfalz stammenden Gründer Paul Josef Nardini. In der Mitte des 19. Jahrhunderts hatte der junge Pfarrer in der aufsteigenden Industriestadt Pirmasens die Schwesterngemeinschaft der Armen Franziskanerinnen von der Heiligen Familie (Mallersdorfer Schwestern) gegründet. Mit ihr kümmerte er sich um verwahrloste Kinder, arme, alte und kranke

Menschen. Später engagierte sich die Gemeinschaft auch an vielen Stellen in Afrika. Seit über 50 Jahren sind die Schwestern mit ihrer Gemeinschaft bereits in Nkandla.

Der Weg von ihrem Sizanani-Zentrum dort zu den notleidenden Zulu-Familien ist weit. Über vom Regen ausgewaschene Feldwege voller Schlaglöcher führt die Fahrt mit dem Jeep zu den kleinen Siedlungen, den sogenannten Krals. Dort leben die Familien in Rundhütten aus Lehm. Meist muss das letzte Stück bis zu den Hütten zu Fuß zurückgelegt werden, über unbefestigte und staubige Trampelpfade geht es Schritt für Schritt, bergauf und bergab.

Vor der Hütte stehen ein kleiner Junge, vielleicht acht Jahre alt, und seine Schwestern. Ihre Mutter ist irgendwann an Aids gestorben. Der Vater hat sie vor langer Zeit verlassen, um in der Hauptstadt Arbeit zu finden. Insgesamt hatte er fünf Kinder und fragte sich, wie die Größeren ohne ausreichende Schulbildung und Arbeit ihr Leben meistern sollten. Er war einfach hilflos, ertrug das Elend nicht allein und ging. In der Hütte ist es dunkel, Fenster gibt es keine. Auf dem Lehmboden liegen die wenigen Habseligkeiten der Familie verstreut. Ein Tisch, drei wacklige Stühle, mehr Einrichtung besitzen sie nicht.

Die Schwestern haben für die nächsten Tage Lebensmittel mitgebracht. Neben der medizinischen Betreuung kümmern sie sich auch um viele andere Dinge und sind auf diese Weise den Kindern zu wirklichen Lebensbegleitern geworden. Wann immer es geht, besuchen sie diese vielen child-headed-families, erkundigen sich nach der Schule und schauen nach ihnen. Das Ziel besteht darin, ihnen so zu helfen, dass sie sich irgendwann selbst versorgen können und aus ihrer Not herauskommen. Die Kinder brauchen dringend Hilfe von außen. Zum Glück gibt es Menschen wie Schwester Ellen.

In Nkandla und den umliegenden Siedlungen gibt es unendliches Leid, große Einsamkeit – wenig Hoffnung. Und doch ist Nkandla für mich ein heiliger Ort, weil es dort Menschen gibt, die ihr Leben in ganz besonderem Maße mit anderen teilen und sich für die Schwächsten und Ärmsten der Gesellschaft einsetzen. Heilig ist diese Gegend für mich wahrscheinlich auch deswegen, weil ich dort im wahrsten Sinne des Wortes christliche Nächstenliebe erlebt habe. In diese unwirtliche und in jeder Hinsicht arme Region tragen die Schwestern durch ihre Anwesenheit den Reichtum hinein, den der Glaube ausmachen kann.

Es gibt natürlich auch noch andere Orte, die ich als heilig bezeichnen würde. Dazu gehört der Mainzer Dom mit der Gotthard-Kapelle. Wenn man vom Marktplatz zum Dom schaut, fällt einem dieser Anbau am Dom aus dem 12. Jahrhundert sofort auf. Gebaut aus hellem Muschelkalkstein hebt sich die Kapelle von dem roten Sandstein des Doms ab. Sie ist wohl eine der ältesten romanischen Kapellen in Deutschland. In ihr hängt ein ganz besonderes Kreuz, das sogenannte Udenheimer Kreuz. Es wurde Mitte des 11. Jahrhunderts geschaffen und gehört zu den wenigen Kreuzen, die aus der Zeit der Romanik erhalten sind. Es besteht aus einfachen Holzbalken, der Korpus wurde geschnitzt und bemalt. Wenn ich dort bin, wird mir die Dimension des Glaubens und der Kirche immer wieder neu bewusst. Seit Jahrhunderten kommen dort Menschen zusammen, beten, danken für das Gute in ihrem Leben oder bringen ihre Sorgen und Nöte vor Gott.

Manchmal ist es ein wenig düster im riesigen Dom. Und dennoch strahlt der Raum eine große Lebendigkeit aus. Und der Mainzer Kardinal Lehmann mit seiner den Menschen zugewandten Art ist für mich von besonderer Bedeutung. Ein heiliger Ort ist für mich nie nur der umbaute Raum. Es sind die Menschen, die den Ort mit ihrem Glauben füllen. Mein Glaube an Gott hat sich erst nach und nach entwickelt. Meine Großeltern stammten ursprünglich aus Hamburg und aus Ostpreußen, alle waren evangelisch. Durch die Familie meines Mannes kam ich dann nach und nach mit dem katholischen Glauben in Berührung. Heute engagiere ich mich an verschiedenen Stellen für beide große christliche Konfessionen. Auf der evangelischen Seite ist da zum Beispiel das Kuratorium der Stiftung der ekhn, der Evangelischen Kirche in Hessen und Nassau, deren Anliegen es ist, über Kunst, Kultur und Wissenschaft die evangelische Kirche in der Gesellschaft erlebbar zu machen. Ich bekenne mich zu meinem christlichen Glauben, ohne dass ich dieses Bekenntnis vor mir hertrage. Es ist für mich eine selbstverständliche Koordinate meines Lebens.

In meinem Arbeitszimmer liegt seit einigen Jahren ein Rosenkranz. Er erinnert mich an folgende besondere Begegnung: Der Franziskanerpater Hermann Schalück, der frühere Präsident von missio, hatte mich vor einigen Jahren gebeten, die ehemalige Kindersoldatin China Keitetsi zu einer Audienz bei Papst Benedikt XVI. zu begleiten. Er meinte, dass der Papst stärker auf ihr Anliegen aufmerksam würde, wenn ich dabei wäre. So flog ich also mit den beiden nach Rom.

Wie immer waren im Audienzsaal sehr viele Menschen versammelt und warteten auf den Papst. Mitten unter ihnen war in der ersten Reihe China Keitetsi, eine Schwarze mit einem großen Kreuz aus Gewehrläufen und dem Anliegen, dass die Welt sich stark machen möge gegen den Einsatz von Kindersoldaten.

Der Papst erblickte China und sagte zu ihr: „I know you, I read a lot about you, I pray for you." Anschließend gab es zwischen den beiden ein inniges Gespräch. Auch Pater Schalück begrüßte er, denn die beiden kannten sich vom Studium. Monsignore Gänswein, der Privatsekretär des Papstes, stand die ganze Zeit dabei und fragte mich: „Hat der Heilige Vater Sie überhaupt gesehen?" Ich antwortete ihm: „Ich glaube nicht, aber das ist jetzt auch nicht wichtig." Daraufhin lächelte er freundlich und drückte mir einen Rosenkranz in die Hand, natürlich nicht wissend, dass er eine Protestantin vor sich hatte. Diese Begebenheit zeigt, dass es im Leben oft anders kommen kann als man denkt. Es stellte sich heraus, dass meine Anwesenheit an jenem Tag in Rom ziemlich unwichtig war – und trotzdem war es ein wichtiger Tag für mich. Es ist einfach unvergesslich, die Faszination zu spüren, die der Papst in der aufgeregt versammelten Menschenmenge auslöste. Und auch ich konnte mich dieser Begeisterung kaum entziehen. Ob das im weitesten Sinne mit der Kraft des Glaubens zu tun hat?

Und die Geschichte des Rosenkranzes geht sogar noch weiter: Neulich kam mein Sohn in mein Arbeitszimmer und erkundigte sich nach der Geschichte des Rosenkranzes. Wir redeten über das brutale Leben der Kindersoldaten und die Gewalt, die ihnen angetan wird. Von diesem Gespräch angerührt sprach er aus sich heraus ein kleines, freies Kindergebet. Das sind die besonderen Momente im Alltag. Momente, in denen plötzlich mitten im Leben ein heiliger Raum entsteht.

Seit jenem Tag in Rom erinnert mich der Rosenkranz immer wieder an das Schicksal der Kindersoldaten. Zurzeit gibt es weltweit immer noch geschätzt 220.000 von ihnen. Zum Glück geht die Zahl zurück, weil der Einsatz von Kindersoldaten nun seit Jahrzehnten international geächtet wird. Hier kann journalistische Arbeit im Übrigen einen Beitrag leisten. Indem über Kindersoldaten berichtet wird, erfahren sie Aufmerksamkeit und Interesse. Die Gewalt, die ihnen angetan wird und die sie gezwungen werden auszuüben, bleibt nicht mehr im Geheimen, sondern kommt über Zeitungsreportagen und Filme aus der Ferne afrikanischer Wälder in europäische Wohnzimmer.

Deshalb war ich froh, in Rom die Gelegenheit zu haben, China Keitetsi mit der Kamera begleiten zu können und über ihr Schicksal in einem Magazinbeitrag zu berichten. Sie berichtete mir von ihrer Kindheit in einem kleinen Dorf in West-Uganda und dass auch sie als Kind zu schrecklichen Gräueltaten gezwungen und mehrfach vergewaltigt wurde. Ganz jung bekam sie zwei Kinder, natürlich von verschiedenen Männern. Diese beiden Babys musste sie dann irgendwo unterwegs zurücklassen. Sie hat viel Leid erfahren. Leid, das sich kaum in Worte fassen lässt. Aber sie hat es geschafft.

Sie konnte fliehen und ein neues Leben beginnen. Über das katholische Hilfswerk missio hat sie ihre Kinder schließlich nach vielen Jahren der Suche wiedergefunden. Irgendjemand hatte eine vage Ahnung, dass in Johannisburg in der Nähe einer Polizeistation eine Familie lebte, die ein kleines Mädchen aufgenommen hatte, das aus jenem Dorf stammte, an das sich China erinnern konnte. Das Mädchen, das die Familie aufgenommen hatte, war zu diesem Zeitpunkt zehn Jahre alt. Weil eine kanadische Schwester ihrem Schicksal nachging, konnte herausgefunden werden, dass es sich tatsächlich um die Tochter von China Keitestsi handelte. Heute lebt China mit ihrer Familie in Dänemark und hat gerade ein drittes Kind bekommen. Zum ersten Mal kann sie Mutterschaft richtig leben und ist überglücklich.

Was einen Platz in unserem Leben zu einem heiligen Ort macht, ist schwer zu sagen. Aber es gibt sie, solche Orte. In Gedanken gehe ich manche Wege immer mal wieder: zum Waisenhaus der Ordensschwestern in Nkandla - dem Ort in der Mitte des Nichts, an dem die Nächstenliebe so konkret Gestalt gewinnt, und zur Gotthard Kapelle im Mainzer Dom, in dem seit Jahrhunderten Menschen ihrem Glauben Ausdruck verleihen. Beides Orte, an denen Gott in besonderer Weise erfahrbar ist - wenn man bereit ist, sich dem Glauben zu öffnen.

Rainer Wälde

Legende: Ich weiß, wer ich bin

Von den Wanderungen, die Ilona und ich schon miteinander unternommen haben, ist mir besonders eine in guter Erinnerung: die durch den „Canyon des Hunsrücks", das Baybachtal, zwischen Rhein und Mosel. Als wir diese Tour machten, war es warm und sonnig – ein Frühlingstag wie aus dem Bilderbuch. Die Buchen hatten gerade ganz frische Blätter, und ihr Grün leuchtete weithin. Ich liebe diese Jahreszeit, wenn alle Zeichen auf Wachstum und Neuwerdung stehen. Unsere Rucksäcke waren mit ausreichend Proviant und Wasser bestückt, denn wir hatten auf der Wanderkarte schon gesehen, dass es unterwegs keine Ortschaften gab. Es war zwar eine bewirtschaftete Mühle auf der Karte eingezeichnet, außerdem eine Forellenzucht, wir wussten aber nicht, ob wir dort auch etwas zu essen bekommen würden. Ebenfalls auf der Karte gesehen hatten wir, dass durch das Tal keine Straße führt, sondern lediglich kleine Stichsträßchen zu den dort gelegenen Mühlen. Und wir wussten, dass neben unserem Weg unbeirrbar der Baybach fließt, den wir immer wieder mal auf kleinen Brücken überqueren würden.

Also begannen wir unsere Wanderung, vorbei an den ehemaligen Mühlen, die zum Teil bereits verfallen waren, vorbei an nicht mehr genutzten Stolleneingängen, durch klammartige Engstellen und über Felsen. Es war wunderschön in diesem ruhigen und abgeschiedenen Tal, das mit seinen steilen

Seitenwänden seinem Namen alle Ehre machte. Bei der bewirtschafteten Mühle angekommen stellte sich heraus, dass es dort tatsächlich frische Forellen zu essen gab, und wir speisten ganz hervorragend. Den restlichen Weg nahmen wir anschließend frisch gestärkt und guter Dinge unter die Sohlen. Auf der Karte konnten wir sehen, dass nicht weit entfernt die Burg Waldeck lag, die wir gerne noch besucht hätten. Wir sahen allerdings auch die vielen Höhenlinien, die zwischen unserem Standort und der Burg lagen, und so entschieden wir uns, doch lieber unten im Tal zu bleiben. Als wir dann in Burgen, am Zielort unserer Wanderung ankamen, lagen 23 Kilometer Wegstrecke hinter uns. Wir waren erschöpft und glücklich.

Vor allem eins ist mir auf dieser Wanderung wieder einmal bewusst geworden: Ohne Landkarte hätten wir nicht so gut Bescheid gewusst über das, was uns erwartet – und vor allem nicht ohne die Legende. Sie ist Quintessenz und Herzstück einer Landkarte. In ihr ist erklärt, was die Symbole auf der Karte bedeuten; wie das Zeichen für Bergwerkstollen aussieht, das Zeichen für die Mühlen und das für eine bewirtschaftete Hütte. Die Legende sagt uns auch, in welchem Maßstab die Karte gehalten ist und wir können deshalb einschätzen, wie weit ein Weg ist, den wir zurücklegen wollen. Wer sich die Legende nicht anschaut, bevor er losgeht, hat kein Maß für das, was vor ihm liegt. Eine Legende gibt uns deshalb Orientierung und Sicherheit auf all unseren Wegen.

Auch unsere Lebenslandkarte hat eine Legende. Sie ist die Essenz, das Motto unseres Lebens. Sie drückt aus, welcher rote Faden sich durch unser Leben zieht, welche Botschaft wir haben, für welche Werte wir stehen, was uns ausmacht. Wer sich eine Lebenslandkarte erstellt, kommt deshalb um die Frage: „Was ist die Quintessenz, die Zusammenfassung, das Motto meines Lebens?“ nicht herum.

Schritt 7 auf dem Weg zu Ihrem Lebenstraum:
Schauen Sie sich Ihre Lebenslandkarte an. Wie viele Stationen haben Sie dort eingezeichnet? Sind es viele? Oder nur einzelne? Das sagt etwas über den Maßstab Ihres Lebens aus. Wie ist es mit den Höhen und den Tiefen? Warum sind die Höhepunkte Höhepunkte? Was ist mit den Tiefen los? Was genau macht sie zu Tiefen? Auch die Wege auf unserer Lebenslandkarte haben eine Botschaft. Sind sie an manchen Stellen abgebrochen? Warum?

Aus den Stationen seiner Lebenslandkarte den roten Faden zu finden, ist sicherlich keine leichte Aufgabe. Hilfreich ist es auf alle Fälle, wenn Sie die Rückschlüsse und Kernsätze, die Sie aus Ihrer Lebenslandkarte ziehen, aufschreiben. Noch besser wäre, wenn Sie das im Gespräch mit jemand anderem tun. Andere Menschen haben oft einen unbefangeneren und klareren Blick auf das, was wir tun und was uns ausmacht.

„Leben mit Stil"

Wenn Sie Ihrem Lebensmotto auf die Spur kommen wollen, können Sie vor allem eins tun: sich selbst zuhören. Ja, Sie haben richtig gelesen. Achten Sie darauf, welche Geschichten Sie gerne erzählen, wenn Sie mit Freunden oder Ihrer Familie in fröhlicher Runde zusammensitzen. Vielleicht erzählen Sie da vom großen Fisch, den Sie an einem lauen Sommerabend geangelt haben? Oder wie Sie das letzte Projekt mit zig Risikofaktoren gestemmt haben? Oder wie Sie einen Fünftausender erklommen haben? Gehen Sie dann der Frage auf den Grund, warum Sie genau diese Geschichten immer wieder erzählen. Was hat Sie in den jeweiligen Situationen berührt oder bewegt? Was begeistert Sie immer wieder? Ist es Ihre Abenteuerlust oder sind es gesellschaftliche Rituale?

Meine Frau ist eine gute Geschichtenerzählerin, lebensfroh, spannend und charmant. Ihre Geschichten drehen sich immer um gemeinsame Erlebnisse mit anderen Menschen, schwierige soziale Situationen, die man zusammen gemeistert hat. Meine Geschichten sind ein bisschen anders gestrickt. Sie erzählen zwar auch von Menschen, aber in ihnen stehen oft Abenteuer in fernen Ländern im Mittelpunkt oder Herausforderungen, die im Zuge eines gemeinsamen Projekts bestanden wurden, vor allem, wenn es noch keine fertigen Lösungen gab. Das ist mit Sicherheit eine meiner Kernkompetenzen: Man kann mich irgendwo auf dieser Welt aussetzen und ich werde das Beste aus dieser Situation machen. Ich bin gerne Pionier, der unbekanntes Land erobert.

Dennoch hat das Motto meines Lebens nichts mit dieser Abenteuerlust zu tun. Es lautet vielmehr „Leben mit Stil". Denn ich habe festgestellt, dass sich meine Geschichten neben den Abenteuern auch immer um das Thema „stilvoll leben" drehen. Es ist mir wichtig, ursprünglich, lebendig zu leben. Ein Leben in Fülle zu führen. Immer wieder geht es mir auch um einen individuellen, originellen Stil, der ausdrückt, dass ich mich selbst als Original empfinde, genauso wie ich die Menschen in meiner Umgebung als Originale erlebe. Mehr noch: Ich bin überzeugt davon, dass jeder Mensch einen durch seine Biografie geprägten, ganz eigenen Lebensstil hat. Dieser Begriff hat für mich nichts mit einem oberflächlichen Lifestyle zu tun, sondern verkörpert die Art und Weise, wie die Menschen ihr Leben sehen und gestalten. „Leben mit Stil" ist als Motto fest in meinem Wertesystem verankert und drückt zudem sehr stark das aus, was ein Teil meiner Arbeit ist: anderen Menschen zu helfen, ihren persönlichen Stil zu finden und auf dieser Basis ein Leben zu führen, das authentisch zu ihnen passt.

Ihre Werte sind – neben den Geschichten – der zweite wichtige Wegweiser auf der Suche nach einem Motto für Ihr Leben. Welche Werte machen Sie aus? Welche Werte sind Ihnen wichtig? Ihren Werten kommen Sie vor allem dann auf die Spur, wenn Sie sich fragen, bei welchen Themen Ihnen so richtig der Kragen platzt. Worüber können Sie sich stundenlang aufregen? Ich mache immer wieder die Erfahrung, dass die Werte, die Ethik, das Gewissen eines Menschen sich am ehesten darin widerspiegeln, woran sich sein Zorn entzündet. Man regt sich auf über die Werte, die man in Verhaltensweisen anderer erkennt und die dem eigenen Wertesystem zuwiderlaufen.

Eine sehr entscheidende Frage dabei ist: Betrachte ich mich als Nabel der Welt und mein Wertesystem als etwas, dem sich alle unterordnen müssen? Für mich persönlich gilt das definitiv nicht: Ich empfinde stark, dass ich selbst Rechenschaft ablegen muss – vor meinem Schöpfer, vor Gott. Gott ist der Maßstab meiner Ethik. An seinen Maßstäben, an den jüdisch-christlichen Werten des Alten und neuen Testaments der Bibel, versuche ich mich zu orientieren: Andere zu betrügen oder zu bestehlen, ginge überhaupt nicht, da stünde mir sofort mein Gewissen im Weg. Deshalb hole ich beispielsweise auch eine offizielle Drehgenehmigung ein, wenn ich für einen meiner Filme Aufnahmen in Bahnhöfen oder Einkaufszentren mache. Und wenn ein Dienstleister vergisst, mir seine Leistungen in Rechnung zu stellen, dann weise ich ihn darauf hin – denn ich selbst bin auch froh, wenn das meine Kunden bei mir machen, für den Fall, dass ich einmal vergesse, eine entsprechende Rechnung zu schreiben.

Leitend ist für mich in all meinem Denken und Handeln das Gefühl oder die Gewissheit, jederzeit von der Lebensbühne abtreten zu können, sprich: Ich möchte mein Leben so sortiert und geklärt wissen, dass ich jederzeit gehen könnte, ohne einen Scherbenhaufen zu hinterlassen – weder in meinen persönlichen Beziehungen noch in meinen geschäftlichen und persönlichen Angelegenheiten. Das ist ein zentraler Wert für mich. Sobald ich spüre, dass etwas ungeklärt bliebe, wenn ich auf der Stelle gehen müsste – es bliebe jemand verletzt zurück oder hätte das Gefühl, von mir betrogen worden zu sein –, dann weiß ich: Irgendetwas stimmt nicht, ich muss etwas unternehmen, um diesen Zustand so schnell wie möglich zu ändern. Deshalb ist mir auch mein persönliches Halljahr so wichtig. Es bietet mir die Gelegenheit, mein Leben wieder einmal genau zu reflektieren und die Dinge zu ändern oder zu klären, die zum Teil bereits lange anstehen.

Werteethik statt Imageethik

„Leben mit Stil" als das Motto meines Lebens – das versuche ich auch in meinen Seminaren, Filmen und Büchern weiterzugeben. Ich möchte andere Menschen dabei unterstützen, ihre eigene Originalität so zu leben, dass sie stimmig ist. Diese Originalität hat nichts mit einer übersteigerten Selbstinszenierung oder einem Auffallen um jeden Preis zu tun. Für mich heißt „Leben mit Stil", und damit auch Originalität, dass ich in jeder Situation rücksichtsvoll auf die Stimme meines Herzens höre und das, was ich wahrnehme, auch nach außen gebe. Doch das wiederum funktioniert nur, wenn ich meine Identität kenne. Wer bin ich? Woher komme ich? Was habe ich von meinen Vorfahren geerbt? Wohin gehe ich? Wie präge ich Menschen? Welche Personen in meiner Umgebung sind für mich wichtig? Wer sind meine Vorbilder? Wie prägt mich mein Wohnort, meine Heimatstadt, mein Geburtsort? Wie prägen mich mein Arbeitsplatz und meine Kollegen? Welchen Einfluss haben mein Partner und meine Kinder auf mich?

Was ist der rote Faden in meinem Leben? All das sehe ich auf meiner Lebenslandkarte.

Um aber die entsprechenden Rückschlüsse daraus zu ziehen, ist es wichtig, dass Sie jemanden an Ihrer Seite habe, der den Blick von außen auf Sie richtet. Erzählen Sie diesem Menschen, warum die Höhepunkte Ihres Lebens tatsächlich Höhepunkte waren. Erzählen Sie, welche besonderen Gefühle Sie mit den heiligen Orten Ihres Lebens verbinden. Erzählen Sie, welche Wege Sie gerne zurücklegen. Erzählen Sie Ihre Lieblingsgeschichten. Wenn Sie das tun, wird sich der rote Faden, das Motto, die Überschrift Ihres Lebens zeigen. Sie können sich auch fragen: Was sollen die Menschen über mich erzählen, wenn ich mal tot bin? Wofür soll mein Name stehen? Was habe ich wirklich bewegt, was ist auf ewig mit mir verbunden? Welche Geschichten erzählen andere über mich? Verstehen Sie mich bitte nicht falsch: Es geht mir hier ganz und gar nicht darum, dass Sie sich ein künstliches Image aufbauen. Sondern darum, dass Sie herausfinden, was Sie im tiefsten Inneren bewegt und antreibt. Dass Sie wissen, wer Sie sind.

„Ich weiß, wer ich bin" – das aber kann nur jemand sagen, der seine Lebenslandkarte genau erforscht hat; jemand, der Heilungen erlebt hat, wo Verletzungen waren; jemand, der in seiner Identität, im Kern seiner Persönlichkeit angekommen ist. Und meine tiefste Überzeugung ist es, dass das nur jemand sagen kann, der eine innere Beziehung mit Gott hat, der Frieden gefunden hat in seiner Beziehung zu Gott. Es ist essenziell wichtig, einen Glauben zu haben, der einen durch den Alltag trägt und von einem direkten Kontakt zum Schöpfer geprägt ist – der nicht nur am Sonntagmorgen stattfindet. Viele Menschen fühlen sich ungeliebt und benachteiligt, vielleicht weil sie schlechte Erfahrungen mit anderen Menschen gemacht haben. Wer dagegen auf dem Fundament seines Glaubens ruht, weiß sich immer von Gott geliebt und kann sich deswegen auch selbst lieben und annehmen. Aus diesem Grund ist wirkliche Selbstliebe immer gottbezogen. Sie akzeptiert Gott als Bezugspunkt, als Fixstern und achtet ihn höher als alles andere. Sie akzeptiert, dass man Gott Rechenschaft schuldig ist. Wer so liebt, ist davor bewahrt, andere Menschen als Fixpunkte, als Götzen des eigenen Lebens zu sehen.

Viele Menschen laufen in diese Falle – Eltern vergöttern ihre Kinder, Männer ihre Frauen, Frauen ihre Männer. Manchmal sind es auch Tiere oder materielle Besitztümer, auf die alle möglichen Emotionen projiziert werden – doch das zieht nur Enttäuschungen nach sich. Wer mit Gott im Reinen ist und weiß, wer er ist, wer seinen Nächsten liebt, wie sich selbst, der ist auch mit sich selbst im Reinen und deshalb ganz und gar unabhängig von dem, was seine Nachbarn von ihm denken. Dann zählt nur noch eine Werteethik und nicht mehr die Imageethik. Image ist dann gleichbedeutend mit verschwendeter Lebensenergie.

Freiheit, Reinheit, Authentizität

Unterm Strich bleibt: Freiheit. Ich weiß, dass viele Menschen bei meinem Lebensmotto „Leben mit Stil“ spontan daran denken, das hätte etwas damit zu tun, dass ich immer in einem Anzug herumlaufe. „Leben mit Stil“ heißt jedoch alles andere, als dass ich mich wie ein Banker uniformiere. „Leben mit Stil“ kann auch bedeuten, dass ich in der Lederjacke zum Seminar gehe. Sicherlich ist es für mich wichtig, Vorbild zu sein, gerade auch in meiner Funktion als Vorsitzender des Deutschen Knigge-Rats. Aber „Leben mit Stil“ bietet so viele Varianten! Vielleicht entsprechen sie nicht immer dem Dress-Code, aber für mich sind sie trotzdem stimmig und passend. Umgangsformen haben etwas mit Herzensethik zu tun und nicht mit oberflächlichen Regeln. „Leben mit Stil“ heißt für mich also Leben in Freiheit. Ich lasse die Ketten los, an die wir uns so oft legen – und gestehe auch allen anderen Menschen zu, in Freiheit zu sein und ein Leben in Fülle zu führen.

Auch Jesus von Nazareth hat ein solches Leben in Fülle gelebt, zusammen mit seinen Jüngern. Viele Regeln des Judentums hat er gebrochen, diese Freiheit hat er sich immer genommen. Er kümmerte sich um Randgruppen, nahm sich Zeit für Kinder. Und wenn ihm alles zu viel wurde, ruderte er hinaus auf den See, um wieder zurück in die Stille zu finden. Er hatte die Ruhe in sich und die Stabilität, seine eigene Identität ganz bewusst zu leben, rein und authentisch. Gerade für mich in meiner Rolle als Knigge-Trainer ist Jesus deshalb ein ganz großes Vorbild. Freiheit und Authentizität sind mir wichtiger als alle Regeln. Sicherlich bewege ich mich da in einem Spannungsfeld. Aber genau das treibt mich auch an. Das und mein Glaube – der über den Tag hinaus Bestand hat. Auf diesem Fundament steht mein Leben, meine Identität. Und wenn ich heute auf meine Lebenslandkarte schaue, kann ich all das erkennen – auf einen Blick. Sie ist noch lange nicht fertig gezeichnet. Ich werde noch einige Höhe- und Tiefpunkte, Wege und heilige Orte auf ihr eintragen. Ich freue mich auf das, was kommt.

Gundula Gause

Dankbarkeit und viele Fragen

Das Sinnbild der Lebenslandkarte gefällt mir gut. Es war spannend, mich darauf einzulassen, manchen Weg, den ich einmal gegangen bin, in Gedanken nachzuvollziehen. Einiges hatte ich längst vergessen, vielleicht auch verdrängt – oder es war mir im Alltagstrubel schlicht aus dem Blick geraten. Wo hat etwas seinen Anfang genommen? Was waren die Höhepunkte, was waren Täler, was waren und sind wichtige, vielleicht auch heilige Orte in meinem Leben? Was gilt es vielleicht wiederzuentdecken?

Das Sinnbild der Lebenslandkarte ist hilfreich, weil man daraus viele Analogien ableiten kann. Welcher Maßstab gilt, und wenn ja, wofür? Eine Landkarte, deren Maßstab wir nicht kennen, hilft uns nur wenig. Ist die Wegstrecke einen Kilometer lang, sind es vielleicht zehn oder sogar einhundert? Das will ich wissen, bevor ich losgehe! Im Leben ereignet sich vieles, was wir anfangs nicht überblicken können. Da ist es gut, einen Maßstab und Koordinaten zu kennen, an die wir uns halten können, denn es sind doch ziemlich viele Fragen, die sich im Laufe des Lebens stellen, ziemlich viele Weggabelungen, an denen man stehen kann.

Natürlich versuchen Eltern, Lehrer und andere Wegbegleiter, früh den Blick für das Wesentliche zu schärfen, Werte zu vermitteln, vielleicht von ihrem Glauben zu erzählen, auf jeden Fall ihre Sicht der Welt weiterzugeben, aber dennoch bleibt manches über lange Strecken hinweg unklar. Oftmals natürlich auch, weil wir es schlicht besser zu wissen glauben. So rennt und stürmt man – hoffentlich mit Begeisterung – ins Leben und testet aus, was geht und was nicht.

Meinen beruflichen Weg konnte ich nicht planen und nicht ahnen, wohin er mich führen würde. In einer Mainzer Lokalzeitung sah ich irgendwann Mitte der 80er-Jahre eine Stellenanzeige, die mir quasi entgegensprang und bei der ich gleich dachte: Das ist es. So bewarb ich mich mit Anfang 20 auf eine Assistenzstelle bei einem Privatradio, das 1985 in der Anstalt für Kabelkommunikation in Ludwigshafen startete. Der Rheinland-Pfälzische Rundfunk, kurz RPR, suchte zum Sendestart Mitarbeiter für quasi alle Arbeitsbereiche von der Technik über die Verwaltung bis zur Redaktion und Moderation. Viele private Sender gründeten sich in dieser Zeit und kamen neu auf den Markt, die gesamte Medienlandschaft war im Umbruch – ähnlich wie heute im digitalen Zeitalter.

Als ich die Bewerbung losschickte, machte ich mir eigentlich keine Hoffnungen. Monatelang hörte ich nichts und hatte die Geschichte auch schon fast vergessen, als ich eines Tages einen Anruf erhielt: „Hier Radio RPR, Sie haben sich bei uns beworben." Kurz darauf hatte ich ein Vorstellungsgespräch und bekam im Alter von 21 Jahren in Ludwigshafen einen Halbtagsjob als Redaktionsassistentin – übrigens die einzige Festanstellung meines Lebens. Zunächst habe ich Sendebänder sortiert und andere kleinere Aufgaben erfüllt. Aber dann erhielt ich zu meiner großen Überraschung sehr schnell die Chance, selbst Sendungen zu moderieren. Die Kollegen merkten: Die hat nicht nur einen Plan, sondern auch eine gute Stimme. Die ist schlagfertig und kann auch moderieren. Das habe ich dann auch gemacht. Ich bediente die Technik im sogenannten Selbstfahrerstudio, spielte Musik ab, führte Interviews und moderierte. Kurze Zeit später bekam ich eine eigene kleine Sendung, die ich auch redaktionell betreute.

Im gleichen Haus saß Sat 1 und irgendwann habe ich mir ein Herz gefasst und bin einen Flur weiter gegangen, wo die damalige Chef-Programm-Moderatorin Irene Joest ihr Büro hatte, wir kannten uns vom Sehen. Ich klopfte an ihre Tür und sie sagte gleich im ersten Gespräch: „Ja, an Sie habe ich auch schon gedacht. Wir machen mal ein Casting." Und ehe ich mich versah, hatte ich für ein Jahr einen Moderatorinnen-Job bei Sat 1. Das war eine ziemlich glückliche Fügung! Voller Begeisterung fing ich beim Fernsehen an und hoffte, dass ich diesen Job weitermachen könne, auch um mein Studium zu finanzieren.

Zunächst hatte ich als Tochter eines Juristen mit einem Jurastudium in Heidelberg geliebäugelt und in einem Nachrückverfahren auch tatsächlich einen der begehrten Plätze bekommen. Aber ich merkte schnell, dass ich einen anderen Weg einschlagen wollte. Im Wintersemester 1988/89 begann ich, in Mainz Politikwissenschaft, Mittlere und Neuere Geschichte sowie Germanistik auf Magister zu studieren. Nach zwei Semestern wechselte ich im Nebenfach der Germanistik zur Publizistik.

Und wieder kam es anders als geplant: Kollegen, die ich vom Radio kannte, meldeten sich bei mir, um mich zu informieren, dass das ZDF Nachrichtensprecherinnen suche. Obwohl ich mich eigentlich viel zu jung und unerfahren dafür fühlte, machte ich das Casting mit und wurde tatsächlich in die Riege der freiberuflichen Nachrichtenmoderatoren aufgenommen. Heute kann man sich das alles kaum noch vorstellen: Damals gab es im Fernsehen nur das erste und das zweite Programm sowie einige dritte; generell wurde nur nachmittags und abends gesendet. Mit der medienpolitischen Entscheidung für die Gründung von Privatsendern kam Bewegung in die Szene. Die neue Konkurrenz bewirkte, dass auch die öffentlich-rechtlichen Sender ihr Programm ausdehnten und neue Sendungen und Formate entstanden. Und so etablierten im Herbst 1989 ARD und ZDF im wöchentlichen Wechsel das mittagsmagazin, auch um die Zuschauer über den Fall der Berliner Mauer zu informieren. Mein Part war es, für dieses Magazin jede zweite Woche die Nachrichtenmoderation für das ZDF zu übernehmen. Es war eine sehr spannende Zeit!

1992 schließlich begannen ARD und ZDF mit der Ausstrahlung eines morgenmagazins. Peter Frey, der damalige Chef des Magazins und heutige ZDF-Chefredakteur, bot mir wenig später die Vertretung der Hauptmoderatorin Maybrit Illner an. Begeistert übernahm ich diese neue Aufgabe bis zur Geburt meines ersten Kindes 1998. Gleichzeitig moderierte ich drei Jahre lang alle zwei Wochen ein gesellschaftspolitisches Magazin namens Nachbarn. Tür um Tür öffnete sich, immer neue Herausforderungen stellten sich. Im März 1993 kam dann der Job meines Lebens, denn seither arbeite ich hauptsächlich als Co-Moderatorin im heute journal. Nebenher lief auch immer noch mein Studium weiter, das ich 1997 mit einer Magisterarbeit zum Thema „Rechtsextremismus in Deutschland: ideologische Grundlagen und öffentliche Ausdrucksformen im Jahr 1994“ beendete. Im Rückblick weiß ich kaum, wie ich alles unter einen Hut bekam und bewältigen konnte. Es waren aber auch wunderbare Jahre, prall gefüllt mit Leben, das dann durch Ehe und Familiengründung Mitte/Ende der 90er-Jahre noch einmal eine ganz neue Wende bekam.

In meinem Leben hat sich bisher vieles ziemlich gut gefügt. Ich war nie eine Karriere-Kämpferin, sondern habe einfach nur meine Arbeit gemacht und bin meinen Weg gegangen. Immer mal wieder habe ich etwas gewagt, etwas Neues ausprobiert. Einiges habe ich mir jahrelang hart erarbeitet, anderes ist mir unverhofft in den Schoß gefallen und immer wieder hatte ich das Glück, faszinierende Menschen zu treffen, die mir neue Türen geöffnet haben. Ich glaube schon, den Weg geführt worden zu sein, den ich gewählt habe – und dafür bin ich dankbar.

Über vieles habe ich beim Schreiben dieses Buches lange nachgedacht: Hatte ich, habe ich die richtigen Maßstäbe? Was ist es wirklich wert, festgehalten und von mir aufgeschrieben zu werden? Welche Erfahrung lohnt es, zu teilen? Manches habe ich im ersten Moment für wichtig erachtet und dann, nach längerem Nachdenken, wieder verworfen. Vieles bewertet man im Rückblick völlig anders. Woran lag es, dass ich mich damals für etwas oder für jemanden entschieden habe? Was hat mich angetrieben? Was hat mich gereizt oder auch zurückgehalten?

Die Betrachtung der eigenen Lebenslandkarte fordert auch dazu heraus, sich Sinnfragen zu stellen: Was ist im Leben wirklich wichtig, was bleibt, was zählt? Sind es Beruf, Karriere und Erfolge? Sind es Familie, Bekannte und Freunde, gemeinsame Erlebnisse? Auf der Lebenslandkarte und in der Realität kommt es immer wieder auf die Details an. Ohne die Bedeutung der Linien, Zeichen und Symbole zu kennen, ist keine Karte lesbar, bleibt nicht mehr als ein buntes Bild. In der Mitte des Lebens den bisherigen Weg in Ruhe und durchaus kritisch zu betrachten, ist lohnend. Wo stehe ich heute? Was ist das nächste Ziel für mich, oder bin ich angekommen? Stimmt meine eigene Einschätzung? Wie sehen mich die anderen, diejenigen, die mich gut kennen, die ein längeres Stück Weg mit mir gemeinsam gegangen sind?

Ich möchte immer wieder auch Neues wagen und erfahren, den bisherigen Lebenshorizont bewusst durchbrechen. Zugleich schätze ich das Beständige sehr: Das Zusammensein mit der Familie, in unserem Haus und Garten als Rückzugsorte in meinem Leben. Und ich weiß um meine besondere Aufgabe als Mutter von zwei Kindern, die mich brauchen. Man kann alle Klaviaturen mehr oder weniger perfekt spielen, aber man kann nicht alles beherrschen. Vieles kann man initiieren, vieles versuchen, sich mühen, sich immer noch ein wenig mehr anstrengen. Aber am Ende bleibt die Erkenntnis – frei nach dem Gedanken: „Johannes, nimm dich nicht so wichtig“ –, dass man nicht alles in der Hand haben kann. In diesem Sinne sind im Geflecht der Landkarten des Lebens auch immer wieder Gelassenheit und Geduld unerlässlich, um Grenzen zu überwinden, Berge und Täler zu bewältigen. Dabei hilft mir zum Teil auch mein Glaube, denn ich kann mir kaum vorstellen, ohne das Vertrauen auf eine höhere Instanz zu leben. Ohne, dass ich diesen Aspekt meines Lebens vor mir hertrage, ist mir mein christliches Bekenntnis einfach wichtig. Gottes Geist und der Glaube sind ein Geschenk. Man muss es nur annehmen.

Rainer Wälde

Ein Nachklang

Am Beginn meines persönlichen Halljahres, als ich alle meine Freunde zu meinem 50. Geburtstag einlud, machte ich mir viele Gedanken um meine Zukunft. Statistisch gesehen habe ich eine Lebenserwartung von ca. 80 Jahren. 50 würde ich bald geschafft haben, blieben noch 30. Ganz spontan dachte ich: Ich arbeite noch 20 Jahre, und in den letzten 10 Jahren gebe ich dann meine Lebens- und Berufserfahrung an junge Menschen weiter. 50–20–10. Das hörte sich doch nach einem guten Plan an!

20 bedeutet für mich aber auch, dass ich in den nächsten 20 Jahren noch 20 Projekte machen werde. Diese 20 ist für mich wie ein Filter. Ich werde mich fragen: Was ist an diesem oder jenem Thema so spannend, dass ich dafür ein Jahr dieser 20 wertvollen Jahre investieren will? Ich weiß, dass ich viele Vorhaben dann ganz einfach aussortieren kann. Ich werde nur noch Herzensprojekte machen. Eine wunderbare Vorstellung!

50–20–10 spielte dann tatsächlich auch eine Rolle in den Geburtstagsbriefen, die ich an meine Freunde schickte. Denn ich bat sie darin um einen Gedanken, passend zu jeder Zahl. Zu den zurückliegenden 50 Jahren wünschte ich mir von meinen Freunden, dass sie mir sagen sollten, wie sie mich in der Vergangenheit wahrgenommen haben. Zur 20 bat ich sie, sich etwas von mir für die nächsten 20 Jahre unserer Beziehung zu wünschen – eine Reise vielleicht, einen Film, Zeit miteinander zu verbringen, eine Wanderung zu machen. Fehlte noch die 10 – dazu bat ich meine Freunde, mir vorzuschlagen, welche Projekte oder Vorhaben wir noch gemeinsam stemmen könnten.

Ich war sehr gespannt auf die Antworten. Meine Freunde hatten sie zu meinem Geburtstagsfest mitgebracht – das wir zwei Tage lang am Rhein feierten. In der Nähe von Kaub steht der Pfalzgrafenstein mitten im Fluss auf einem Felsen, dorthin fuhren wir mit dem Schiff, um die Anlage zu besichtigen. Und dort redeten wir darüber, was wir in den nächsten Jahren noch anpacken wollten, wie wir unsere Gesellschaft verändern, wie wir andere Menschen prägen, wie wir unser Wissen weitergeben könnten. Es waren Menschen aus allen Phasen meines Lebens dabei. Und wir hatten Zeit, miteinander zu feiern und zu lachen.

Am schönsten aber war das festliche Abendessen, das wir zusammen einnahmen. Zwischen den einzelnen Gängen standen immer wieder Freunde und Freundinnen auf und erzählten mir, was ihnen zu 50–20–10 eingefallen war. Ein Freund möchte mit mir auf den Gipfel eines Berges wandern und mir dort das Gedicht „Himmelsnähe“ von Conrad Ferdinand Meyer vortragen. Ein anderer möchte gerne noch mit mir einen Film über die Amish People drehen, wieder ein anderer mit mir gemeinsam ein gemeinnütziges Projekt in der Schweiz unterstützen. Die Vielfalt der Redebeiträge, Vorschläge und Ideen war so bunt, wie man es sich nur irgendwie vorstellen kann.

Während der Feier war nicht nur ich sehr bewegt – auch viele andere hatten Tränen in den Augen. Manchmal war es ganz still im Saal. Keiner konnte mehr sprechen, so berührt waren alle. Ich hatte das Gefühl, auf dem Gipfel meines Lebens zu stehen. Höher ging es nicht, mehr kann es nicht geben – so fühlte sich das an.

Am Ende feierten wir zusammen einen Gottesdienst. Denn über allen Plänen, über allem steht die Dankbarkeit – Dankbarkeit dafür, dass wir auf dieser Welt sind, dass wir uns haben und beistehen können, dass wir gesund sind. Und Dankbarkeit dafür, dass unsere Lebenslandkarten so gesegnet sind. Gottes Segen zu erfahren, ist das größte Glück von allen.

Am Ende ein Anfang?

Als ich mich zu Beginn des Jahres 2011 darauf einließ, meine persönliche Lebenslandkarte zu betrachten und meine Gedanken dazu aufzuschreiben, ahnte ich noch nicht, wohin mich das alles führen würde. Je länger ich mich damit beschäftigte, desto größer wurden die Fragen. Was ist in meinem Leben wirklich wichtig? Was hat mich dorthin geführt? Wo stehe ich heute? Und was sind, im Rückblick betrachtet, eher unbedeutete „Nebenspuren“ gewesen?

Ich merkte schon bald, dass manches, was ich fühlte, nicht einfach in Worte zu fassen war, dass es auf die großen Fragen des Lebens keine einfachen Antworten gibt. Oft war es nicht leicht, sich neben all den Herausforderungen des Alltags die Zeit dafür zu nehmen – doch es hat sich, für mich ganz persönlich, am Ende gelohnt.

Gundula Gause

Gundula Gause

Paris und Mainz waren die Orte, an denen Gundula Gause Politikwissenschaften, mittlere und neuere Geschichte sowie Publizistik studierte. Schon als Studentin begann sie ihren beruflichen Weg in den Medien. Seit 1989 arbeitet die Journalistin als Redakteurin und Moderatorin verschiedener Sendungen für das ZDF. Seit 1993 ist sie Nachrichten-Moderatorin im „heute journal". Ehrenamtlich engagiert sich die Protestantin seit vielen Jahren für das katholische Hilfswerk „missio".

Rainer Wälde

Berater, Filmemacher, TV-Moderator und Buchautor. Rainer Wälde ist Mitbegründer und Vorsitzender des Deutschen Knigge-Rats. Seine Fernsehserie „In 115 Tagen um die Welt“ und der Film „Meine Reise zum Leben“ wurden mit dem Word Media Award ausgezeichnet. Mit seiner Frau Ilona leitet er die TYP Akademie und bietet persönliches Coaching zur „Landkarte des Lebens“ an.
www.typakademie.de

Liebe Leserin, lieber Leser,

diesem Buch liegt eine Landkarte für Sie persönlich bei. Auf ihr können Sie eintragen, welche Stationen und Wege in Ihrem Leben bisher wichtig waren, wo sich Ihre Heiligen Orte befinden oder wo Sie vielleicht in Sackgassen geraten sind. Es ist dabei nicht wichtig, dass Entfernungen maßstabsgetreu darstellt werden. Ihre persönliche Lebenslandkarte kann Kontinente übergreifend sein oder eine einzige Stadt darstellen, in der Sie vielleicht schon immer leben und mehrfach umgezogen sind – Hauptsache, Sie haben alle Orte darauf eingezeichnet, die in Ihrem Leben eine Rolle spielen.

Legende

- Geburtsort
- Studienort
- Heiliger Ort
- Wohnort
- Familie
- Beziehungen
- Wege
- Sackgasse
- Sperrbake
- Begabungen
- Weißer Fleck
- Höhepunkt

MIX
Papier aus verantwortungsvollen Quellen
FSC® C014496
FSC
www.fsc.org

Verlagsgruppe Random House FSC-DEU-0100
Das für dieses Buch verwendete FSC®-zertifizierte Papier *EOS*
liefert Salzer, St. Pölten

1. Auflage April 2012
Bestell-Nr. 814254
ISBN 978-3-942208-54-3

Umschlaggestaltung:
Gute Botschafter GmbH, Haltern am See
Autorenfotos:
Gundula Gause / Thomas Morice;
Rainer Wälde / Janine Guldener

Landkarten, Piktogramme: Ursula Stephan, Wetzlar
Satz: Daniel Eschner
Druck: GGP Media GmbH, Pößneck

Printed in Germany